部屋の中に、みどりをひとつ。

小さな植物にもらう、
ささやかな発見があります。

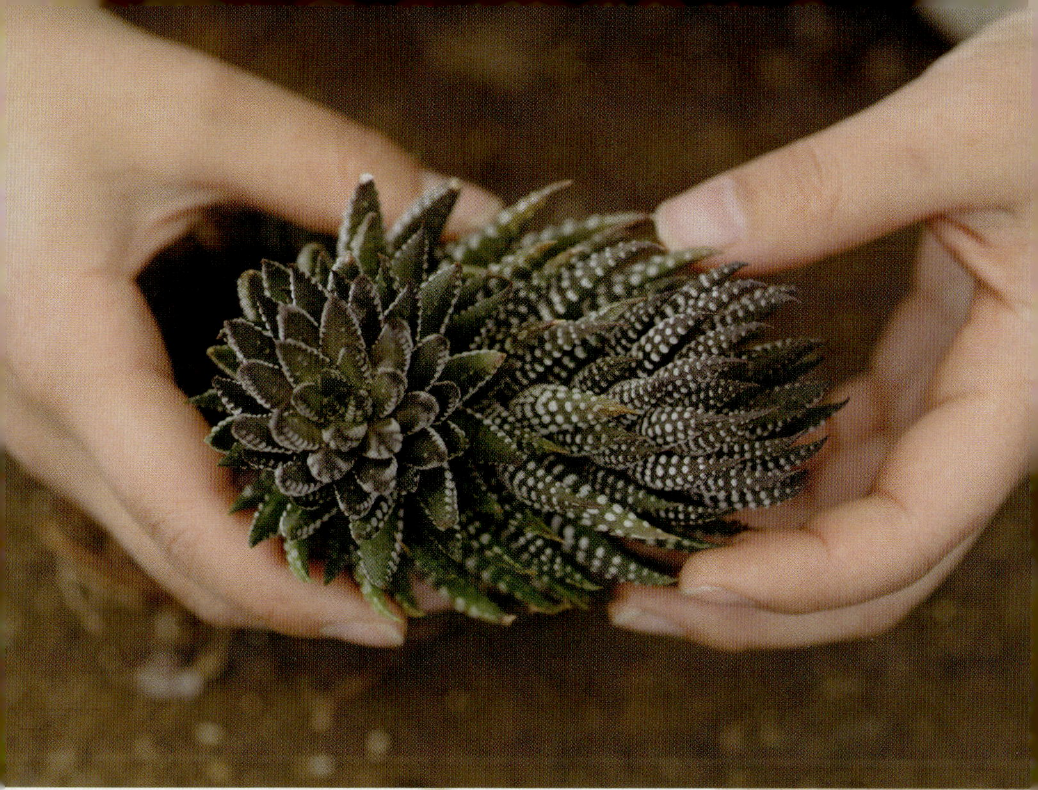
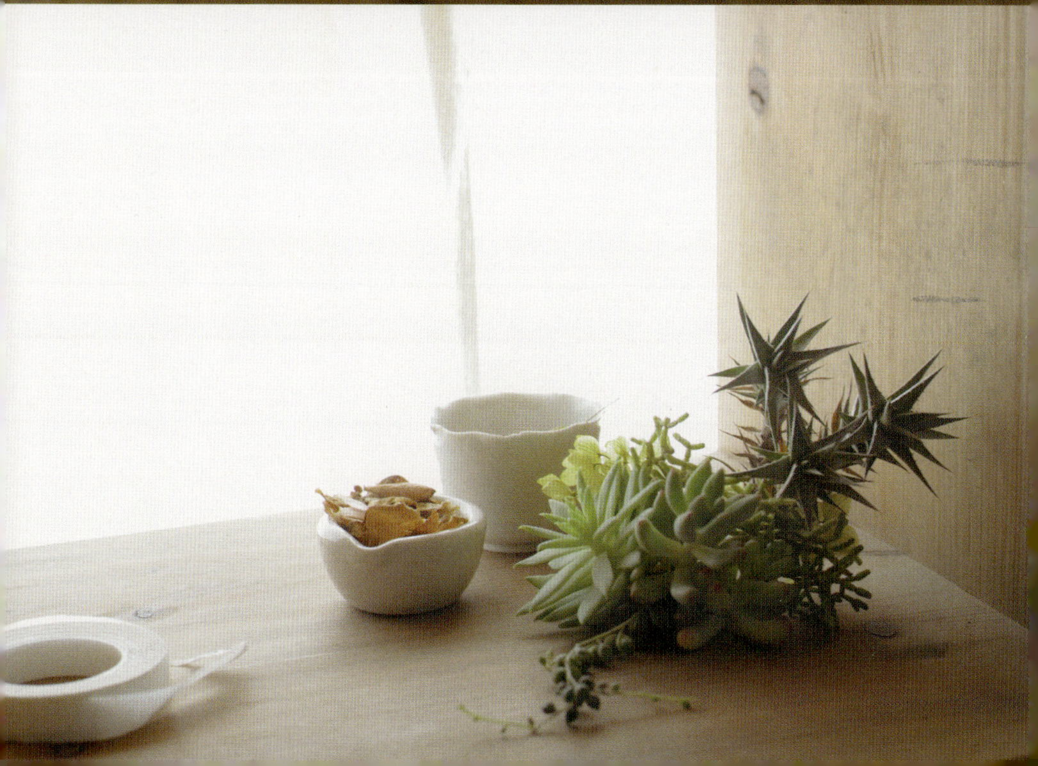

sol×sol（ソル・バイ・ソル）がおしえる　多肉植物育て方ノート

河出書房新社

もくじ

9 多肉植物図鑑
- 10 索引
- 12 多肉植物
  - 50 多肉の雑学コラム #1 世界最大のサボテン
- 51 サボテン
  - 58 多肉の雑学コラム #2 多肉植物聖地巡礼
  - 60 多肉の雑学コラム #3 多肉植物切手図鑑

64 多肉植物との付き合い方
- 64 多肉植物って、どんな植物？
- 66 多肉植物が喜ぶ「置き場所」とは？
- 70 多肉植物には、「夏型」と「冬型」の2種類があります
- 70 「夏型」と「冬型」の買い時の違い
- 71 お店で多肉植物の苗を選ぼう！
- 72 いざ、植え替えに挑戦！
- 78 風変わりな多肉植物の「水やり」
- 79 多肉植物を増やしてみよう！
- 82 多肉植物お手入れカレンダー
  - 86 多肉の雑学コラム #4 多肉植物を食べてみよう！
  - 88 多肉の雑学コラム #5 多肉植物で屋上緑化

90 多肉植物悩み相談室
- 104 多肉の雑学コラム #6 日本のサボテンはじめて物語
- 104 多肉の雑学コラム #7 日本に自生する多肉植物

106 多肉植物寄せ植えワークショップ
- 106 ［初級］形が似た多肉植物を集めた小さな寄せ植え
- 110 ［上級］様々な形をした多肉植物を集めた大きな寄せ植え
- 114 ［仕立て直し］寄せ植えを美しく保つ方法
- 116 その他の寄せ植えアレンジ

124 あとがきにかえて

多肉植物図鑑

様々な形や色を楽しめる多肉植物の中から、比較的初心者でも育てやすく、見た目も美しい種類を中心にご紹介します。

育てるのは少しは難しいのですが、ぜひいつかチャレンジしてほしい、個性的な種も、図鑑の中に少し加えてあります。

育て方のコツや難易度表示を参考に、育ててみたい多肉植物を探してみてください。

多肉植物図鑑 索引

多肉植物　26属150種掲載

A Aeonium
キオエニウム・サンバースト・黒法師 p.12

Aloe
デンティティー・竜山・ディスコインシー・綾錦・翡翠殿 p.13

Anacampseros
桜吹雪・吹雪の松・吹雪の松錦・春夢殿 p.14

B Bowiea
蒼角殿 p.15

C Conophytum
聖園 p.16

Cotyledon
ティンカーベル・銀波錦・福娘／熊童子・子猫の爪 p.17

Crassula
天狗の舞・ロゲルシー・銀揃・パピラリス p.18
愛星・星の王子・博星・小米星・十字星／数珠星 p.19
神刀／玉稚児／紅稚児／テトラゴナ p.20
姫若緑／サルメントーサ・アイボリーパゴダ・アルストニアイ・花椿・キムナッキー・玉椿 p.21
レモータ／火祭りの光・火祭り／金の成る木・ゴーラム p.22

D Dioscorea
亀甲竜 p.23

Dudleya
ヴィレンス・グリーニー p.24

E Echeveria
フロスティー・紅輝炎・ハームシー・ボンビシナ／ピーチプリデ・花簪・パールフォンニュルンブルグ p.25
花うらら・月影・大和錦・エイグリーワン・静夜・リラシナ・チワワエンシス・女雛・ケッセルリンギアナ p.26

Euphorbia
怪魔玉・峨媚山／白樺キリン・紅彩閣 p.27
ホリダ・オベサ・バリダ／春峰 p.28
鉄甲丸／ミルクブッシュ p.29

F Fenestraria
五十鈴玉 p.29

G Gasteria
ピランシー・臥牛・グロメラータ p.30
銀紗子宝・春鶯囀／子宝 p.31

Graptopetalum
デビー／ブロンズ姫・白牡丹・秋麗 p.32

H Haworthia
玉扇・宝草錦・万象 p.33
九輪塔・瑠璃殿・小天狗錦／ボルシー p.34
ピリフェラ錦・京の華・ウンブラティコラ・ルテオローザ・レツーサ・オブツーサ・竜鱗・クーペリー p.35

Hoodia
ゴルドニー p.36

Huernia
蛾角 p.36

K Kalanchoe
マルニエリアナ・胡蝶の舞錦／ファング・仙女の舞 p.37
白銀の舞／小さじ・銀のスプーン・仙人の舞 p.38
月兎耳・福兎耳・野うさぎ／冬もみじ・朱蓮 p.39
扇雀／クロンコエ／フミリス／紅提灯 p.40

※植物名・植物名のように複数の植物名がつながって表記されているものは、寄せ植えされた状態で紹介されている植物です
※属名のアルファベット順に紹介しています
※サボテンも多肉植物の一種ですが、調べやすいように、その他の多肉植物と分けて紹介しています

L Ledebouria
　ビオラセア p.41

　Lithops
　様々なリトープス p.42

P Pachyphytum
　京美人／桃美人／紫麗殿／
　ロンギフォリウム・千代田の松 p.43

　Pachypodium
　シバの女王の玉櫛 p.44

　Pleiospilos
　帝玉 p.44

　Portulacaria
　雅楽の舞／モロキネンシス p.45

S Sedum
　虹の玉・オーロラ・乙女心・
　トレレアセイ・新玉つづり p.46
　宝珠・宝珠扇・八千代／松の緑・黄麗錦・
　春萌・銘月・黄麗 p.47

　Senecio
　美空鉾・白寿楽・七宝樹・
　マサイの矢尻・万宝 p.48
　紫蛮刀／銀月／ルビーネックレス・
　グリーンネックレス p.49

サボテン　8属11種掲載

A Astrophytum
　恩塚鸞鳳玉 p.51

E Espostoa
　幻楽 p.52

G Gymnocalycium
　翠晃冠錦 p.53

L Lophophora
　翠冠玉 p.54

M Mammillaria
　金手毬綴化／白星／白珠丸 p.55

O Opuntia
　白桃扇・金烏帽子 p.56

R Rhipsalis
　青柳 p.56

U Uebelmannia
　ペクチニフェラ p.57

図鑑データの見方

(例)

科　　名	ベンケイソウ科
生長期	夏型種（3-11）
難易度	1　②　3　4　5
水やり	2週に一度
室内栽培	◎　△　✕
根の太さ	細　太

◎ 科名 ……… その属が属する科名です
◎ 生長期 …… 植物が生長する時期です
　　詳しくは「多肉植物との付き合い方」参照 → p.70
◎ 難易度 …… 育て方の難易度です
　　数字が大きいほど育てるのが難しい植物です
◎ 水やり …… 生長期の水やりの回数の目安です
　　（鉢底穴のない2寸鉢での栽培を前提とします）
◎ 室内栽培 … ◯ 室内栽培向き（月に2～3日の日光浴が必要）
　　△ 定期的な外での日光浴が必要（1～2週間に2～3日以上）
　　✕ 日光大好き（室内での管理は窓際が必須）
◎ 根の太さ … 根の太さにより植え替え方法が異なります
　　詳しくは「多肉植物との付き合い方」参照 → p.72

多肉植物

Aeonium アエオニウム

春と秋に生長し、花のように葉を広げ、茎は木質化してしっかりとした木のような姿になり、木立ち状に上へと伸びていきます。生長期には水をたっぷりとあげると、葉の色艶が良くなります。日光も大好きですので、よく日に当てて育ててください。室内での栽培には、あまり向いていません。また、生長期は下の部分の葉がよく落葉します。日光不足は落葉を促し、葉の色艶が悪くなる原因にもなるので注意してください。夏・冬は休眠期で、葉を多く落としたり、色の鮮やかさがなくなります。夏の蒸れが苦手なので、風通しを良くし、水を控えめにしてなるべく涼しくして休ませましょう。

科　　名	ベンケイソウ科
生長期	冬型種 (2-6, 9-11)
難易度	1　②　3　4　5
水やり	2週に一度
室内栽培	○　△　⊗
根の太さ	細　太

キオエニウム ⓐ
サンバースト ⓑ
黒法師 くろほうし ⓒ

ⓐ) 寒い時期になると、緑がすこしずつ赤みがかってきます。別名「夕映え（ゆうばえ）」。子吹きしやすく、すぐに増えます

ⓑ) 黄緑、ピンク、黄色と、3色のコントラストが楽しめます。子吹き※はあまりせず、単体で大きくなっていきます

ⓒ) 日光によく当てることで、より黒々とした特徴的な色合いになります。とても生長が早い種類です

※下から子株が芽吹いてくること

Aloe アロエ

水をたっぷりと含んだ肉厚の葉が、花のようなロゼット状に広がります。400種以上もあり、小さなものからかなり大きくなる種類まで大きさも様々。小さなものは、ロゼット状の株を横に増やしていき群生となり、大きなものは、ゆっくりと大きな個体に生長します。暑さ寒さに強く、強い日光にも耐え、少しくらいの日光不足であればものともしません。水のあげすぎに注意しながら育てれば簡単に育てられるため、初心者にもオススメ。たまに外に出してあげれば、室内でも大丈夫です。

科 名	ユリ科
生長期	夏型種（3 - 11）
難易度	① 2 3 4 5
水やり	2週に一度
室内栽培	◎ △ ×
根の太さ	細 (太)

図鑑 多肉植物 A

デンティティー ⓐ
竜山 りゅうざん ⓑ
ディスコインシー ⓒ
綾錦 あやにしき ⓓ
翡翠殿 ひすいでん ⓔ

a) ディスコインシーとハオルチオイデスの交配種
b) 大型種で、写真よりさらに大きくなる。青みがかったターコイズグリーンのような色味が美しい
c) 小型種の中でも特に小さい。爬虫類のような模様の葉が特徴。オレンジ色の小さな花を咲かせます
d) 中型のロゼットになり、葉先から長いヒゲが生えてきます
e) 1年中この鮮やかな黄緑色を保ちます

Anacampseros アナカンプセロス

小型種が多く、ゆっくりと生長する植物が多い属です。寒さや暑さには比較的強く、育てやすいのですが、夏の蒸れにとても弱いので、湿気の多い真夏は、必ず風通しの良い場所に置くようにしてください。光は大好きなので、しっかりと日に当てましょう。室内での栽培にはあまり向きません。水やりは、休眠期である冬以外は、たっぷりとあげてください。ロゼットの中央からヒゲが出てくる「吹雪の松」系と、ウロコのような模様が特徴の「パピラケア」系があり、今回は葉の赤みが美しく、寄せ植えに使いやすい「吹雪の松」系を紹介しています。

科　　名	スベリヒユ科
生 長 期	冬型種（3‐6, 9‐11）
難 易 度	1　2　③　4　5
水やり	2週に一度
室内栽培	○　△　×
根の太さ	⑭　太

桜吹雪 さくらふぶき ⓐ
吹雪の松 ふぶきのまつ ⓑ
吹雪の松錦 ふぶきのまつにしき ⓒ
春夢殿 はるゆめでん ⓓ

a) 吹雪の松に赤い色素が入った突然変異種。こうした色素の変異種を「斑入り」と呼びます
b) 様々な変異種がある「吹雪の松」系の元祖。オリジナルは深い緑色をしたかなり渋めな植物なのです。葉挿しで簡単に増やせます
c) 吹雪の松に黄色い色素が入った突然変異種。鮮やかなピンクから黄色のグラデーションの葉色となります
d) 葉の表は深い緑色ですが、裏はあずき色になるという、表裏の色が異なる種類

Bowiea ボウィエア

タマネギのような球根が、半分地中に埋まったような状態で生息する不思議な属。球根の中心からツルを長く伸ばし、支柱を立ててあげると、ツルがからみついていきます。寒さや暑さにとても強く、鉢植えでなく、地面に植えるととても大きくなります。種が取りやすく、増やす際は種で増やすのが一般的。または、球根をいくつかに割って植え付ける方法で増やすこともできます。育てやすい種類ではありますが、水のやりすぎで失敗してしまうことも多いので、夏の生長期のみに水やりをし、冬は水を切って、メリハリをつけるようにしてください。

科　　名	ユリ科
生 長 期	夏型種（4 - 11）
難 易 度	1　2　③　4　5
水 や り	2週に一度
室内栽培	○　△　×
根の太さ	細　太

図鑑　多肉植物　B

蒼角殿 そうかくでん

ツルがぐんぐん伸び、日々生長の様子を見てとれる、動きのある種

Conophytum コノフィツム

とても同じ属とは思えないほどの様々な姿形をした種類が集まるコノフィツム属。2枚の葉が合体してひとつの玉のような姿になっています。その形状で、「たび型」「鞍型」「駒型」など多くのグループに分類されます。さらに透明度、模様、毛の有無などで、様々な表情を見せ、収集家の心をくすぐるのです。赤、白、ピンク、オレンジなど、鮮やかな花でも楽しませてくれます。5月くらいになるとからだのハリがなくなってきますが、これは脱皮の準備なので、心配いりません。夏の蒸れにとても弱いので、風通しに注意してください。室内での栽培にはあまり向きませんが、出窓などの日当たりが良く、風通しが良い場所が確保できれば、大丈夫な場合もあります。

科　　名	メセン科
生長期	冬型種（9-5）
難易度	1　2　3　④　5
水やり	3週に一度
室内栽培	○　△　×
根の太さ	㊀細　太

聖園 せいえん

ぷくっとしたハート型の可愛らしい形状で人気の種類。オレンジのきれいな花を咲かせます

Cotyledon コチレドン

肉厚の葉が特徴的なコチレドン属。木立ちのように縦に生長し、茎の下の部分は茶色く木のように変色していきます。暑さが苦手なので、夏の通風しに気をつけ、水やりを休みます。真夏の強光以外は、日光が好きなので、基本は屋外で育ててください。逆に冬ごしはなるべく日当たりの良い窓際などの室内で管理できると安心です。葉が開きすぎたり、上に繁りすぎたりしてバランスが悪くなったら剪定してあげましょう。切った枝は、枝挿しで増やすのに使えます。

科　　　名	ベンケイソウ科
生 長 期	夏型種（3-11）
難 易 度	1　②　3　4　5
水 や り	2週に一度
室内栽培	○　△　×
根の太さ	細　太

図鑑　多肉植物　C

ティンカーベル ⓐ
銀波錦 ぎんばにしき ⓑ
福娘 ふくむすめ ⓒ

a) 茶色く木質化したしっかりした幹になり、ベルのような赤い花を咲かせます
b) 葉先がフリンジ状に波を打つのが特徴。葉の表面に白い粉が出てくる「粉吹き」をします
c) バナナのような円筒型の葉先に、赤紫のアクセントカラーが美しい種類です

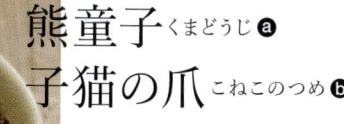

熊童子 くまどうじ ⓐ
子猫の爪 こねこのつめ ⓑ

a) 熊の手のような形をした肉厚の葉は、秋に先端が紅葉します
b) 熊童子より指先のような突起が少なく、葉も細長いことから、子猫の爪と名付けられました

Crassula クラッスラ

同じ属の中に、秋から春にかけて生長する冬型種と、春から秋にかけて生長する夏型種があります。どちらの型も夏の蒸れに弱いので、風通しを良くして、水やりを控えてください。特に、肉厚で表面に毛が生えているような種類は暑さが苦手なので、注意が必要です。そのポイントさえ押さえておけばとても育てやすい種類が集まる属です。夏以外はしっかりと水やりをしてください。

科　　名	ベンケイソウ科
生 長 期	夏型種（3 - 11） 冬型種（9 - 4）
難 易 度	1　②　3　4　5
水 や り	2週に一度
室内栽培	○　△　×
根の太さ	㊁　太

図鑑　多肉植物　C

天狗の舞 てんぐのまい ⓐ
ロゲルシー ⓑ
銀揃 ぎんぞろえ ⓒ
パピラリス ⓓ

a) 夏型種。葉が比較的薄く、紅葉すると葉先にうっすらと赤い縁取りが入るのが特徴。茎が木質化してしっかりとした木立ちになります
b) 夏型種。ラグビーボールを2つに割ったような独特な葉の形になります。紅葉すると茎が真っ赤に染まります
c) 夏型種。葉の表面に毛がびっしりと生えた種類は、夏の蒸れに弱い種の証です
d) 夏型種。葉の表面に粘着力がありベタつきがあります。コチドレン属に入るという人も

a) ブックリとした肉厚の葉で縁だけが赤く紅葉します
b) 星シリーズの中では三角の葉一枚一枚が大きいタイプ。縁だけ赤く紅葉
c) 白っぽく肉厚な葉。愛星とよく似ているがこちらは紅葉しません
d) 星シリーズの中で一番小型。別名：姫星（ヒメボシ）
e) 葉が薄くて中型。縁だけ紅葉します

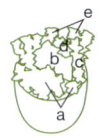

愛星 あいぼし ⓐ
星の王子 ほしのおうじ ⓑ
博星 はくせい ⓒ
小米星 こごめぼし ⓓ
十字星 じゅうじせい ⓔ

数珠星 じゅずぼし

夏型種。四角い葉が串に連なって刺さっているような樹形。蛇のようにうねりながら、縦横に自在に伸びていきます。また、紅葉時は縁がうっすら赤くなります。寄せ植えに加えると、レイアウトに動きが出て効果的です

神刀 じんとう

夏型種。刀のような形の葉型から「神刀」と名付けられました。2方向にしか葉が伸びていかず、上へと重なっていきます。夏は日が強すぎると日焼けしてしまうため、新聞紙などをかけて遮光してあげてください

玉稚児 たまちご

冬型種。夏の蒸れに弱いので通風に注意し、水やりをやめて涼しいところで休ませてください。クラッスラ属というよりは、他で紹介するコノフィツム属やリトープス属の育て方に近く、難易度が高めです

紅稚児 べにちご

夏型種。紅葉時には、葉だけでなく、茎まですべて真っ赤に染まり、とても印象的。葉がとても落ちやすく、触るとすぐ落ちてしまいますが、その葉を葉挿しすることで増やすことができます

テトラゴナ

夏型種。シャープな葉先をしたもみの木のような樹形が特徴。上へと育つにつれて、茎が木質化し、とても大きくなります。秋になっても紅葉はしません

姫若緑 ひめわかみどり

夏型種。「若緑」という品種の小型交配種。小さな葉が連なる可愛らしい姿をしていますが、臭いの強い花をつけるため、インテリアとしては不向きな面も

サルメントーサ

夏型種。黄色の斑入り種。紅葉時は葉の周囲が赤く色づき、緑、黄、赤のコントラストが美しい。あまり横に広がらず、上へ上へと伸びていきます

アイボリーパゴダ a
アルストニアイ b
花椿 はなつばき c
キムナッキー d
玉椿 たまつばき e

a) 冬型種。夏蒸れにとても弱い冬型種なので、育てるのがなかなか難しいのですが、その他の冬型種と比べると、比較的夏蒸れに強いです
b) 冬型種。玉稚児の葉が大ぶりになったような形状になる種です
c) 冬型種。椿の花のような樹形になることから名付けられました。中央に白い小さな花を咲かせます
d) 冬型種。寺院建築にある宝塔のような幾何学的な形。深い緑のマットな質感になります
e) 冬型種。葉の重なり方が密でウロコのような模様になります。全体的にグレイッシュな質感です

レモータ

夏型種。クラッスラ属唯一のツル性の種。通常期はグレーがかった緑ですが、紅葉期には、全体が赤紫に染まります。葉にはびっしりと毛が生えており、夏蒸れに弱いので注意してください

火祭りの光
ひまつりのひかり ⓐ
火祭り ひまつり ⓑ

a)「火祭り」の斑入り種。紅葉期は鮮やかなピンクに色づきますが、通常期はごく普通の緑色で、意外と地味だったりもします。火祭りよりも葉が長細い
b) 紅葉時は真っ赤に色づきます。生育期にしっかり日に当てておくことで、紅葉時の赤みが増してきます

金の成る木
かねのなるき ⓐ
ゴーラム ⓑ

a) 5円硬貨をはさんだりして飾られることもある、昔から日本で親しまれている多肉植物のひとつ。かなり大きく育ちます。紅葉時には葉の縁が赤く色づきます
b) 別名「宇宙の木（うちゅうのき）」と呼ばれるラッパのような摩訶不思議な葉型が特徴。紅葉時には葉の縁が赤くなります

Dioscorea ディオスコレア

この属にも冬型種と夏型種が存在しますが、ほとんどが冬型種です。玉状の茎の中心からツルを出して、日本のヤマノイモとそっくりの花を咲かせ、食用にもなります。生育期にはたっぷり水をやり、休眠期は完全に水を断ちます。水のやりすぎで玉状の茎が腐ってしまうことが多いので注意してください。また茎がまだ小さいうちは、土の中に完全に埋めて育てると早く育ちます。日光は少なめでも耐えられますので、室内で育てても大丈夫です。

科　　名	ヤマイモ科
生 長 期	冬型種（9 - 4）
難 易 度	1 ② 3 4 5
水 や り	2週に一度
室内栽培	◎　△　×
根の太さ	細　太

図鑑 多肉植物 D

亀甲竜 きっこうりゅう

写真の個体はまだ小さいためはっきりとわかりませんが、玉状の茎が大きくなってくると、コルク質の表面に亀甲模様が浮き上がってきます

Dudleya ダドレア

図鑑 多肉植物 D

葉全体に粉吹きをしたマットな質感が特徴。めったに雨が降らず、1年中強烈な日光が降り注ぐカリフォルニア半島（メキシコ）を故郷にしており、その日差しから身を守るために白い粉を吹いて日光を反射させています。極度の乾燥地帯生まれなので、蒸れは大敵。風通しには十分注意を。粉吹きしている分、より多くの日光を必要としますので、室内での栽培には向いていません。

科　　名	ベンケイソウ科
生 長 期	夏型種（3-11）
難 易 度	1　②　3　4　5
水 や り	2週に一度
室内栽培	○　△　⊗
根の太さ	細　太

a) 葉が短い小型種。同じく生長は遅めです。下葉が枯れることがありますが、取り除いてしまうとそこから腐ることがあるので、そのままにしておいてください
b) 葉が長い中型種。根が弱いので生長は遅めです

ヴィレンス ⓐ
グリーニー ⓑ

Echeveria エケベリア

バラの花のような美しいロゼット状に葉を広げるエケベリア属。とても映えるので、寄せ植えなどではメインで使われることが多いです。日光が大好きなので、しっかりと日に当ててあげましょう。光が不足すると、色が悪くなり、ロゼットがくずれてしまいます。また、夏の暑さが苦手なので、水やりを控えて清潔にし、風通しに気をつけてください。葉に水をかけると、表面にたまってレンズのようになり、日焼けの原因になるので、土の表面に水やりをしましょう。寒さには比較的強いですが、氷点下までは耐えられないので、室内に入れてあげてください。

科　名	ベンケイソウ科
生長期	夏型種 (2-11)
難易度	1　②　3　4　5
水やり	3週に一度
室内栽培	○　△　Ⓧ
根の太さ	㊀細　太

図鑑　多肉植物　E

フロスティーⓐ
紅輝炎（こうきえん）ⓑ
ハームシーⓒ
ボンビシナⓓ

a) 葉だけでなく、茎まで毛で覆われており、全体が白っぽくなります。木立ち状に育ち、かなり大きくなります
b) 親の横から小さなロゼットの子供を出して増えていく小型種。紅葉時は葉先が赤くなります
c) 別名「花の司（はなのつかさ）」。紅葉時は葉の縁が赤くなります
d) 写真では小ぶりですが、時間をかけて育ててあげるとかなり大きなロゼットになります。エケベリア属の中でも特に夏の暑さに弱いので注意してください

ピーチプリデⓐ
花いかだ（はないかだ）ⓑ
パールフォンニュルンブルグⓒ

a) 淡く透明感あるグリーンが特徴。写真の個体は小ぶりですが、木立ち状に育ち、とても大きなロゼットとなります
b) 暖かい季節は赤が少し薄くなりますが、季節を問わず赤い葉が楽しめます
c) こちらも年中ピンク色が楽しめる中型種。特に暑さに弱いので注意が必要

花うらら (a)　　リラシナ (f)
月影 つきかげ (b)　　チワワエンシス (g)
大和錦 やまとにしき (c)　　女雛 めびな (h)
エィグリーワン (d)　　ケッセルリンギアナ (i)
静夜 せいや (e)

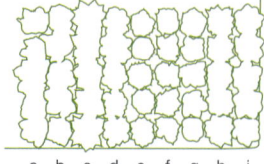

a b c d e f g h i

a) 紅葉時は縁が赤くなり、深い緑になりますが、通常期はブルーグリーンの澄んだ葉色です
b) 比較的葉肉の厚みが薄めの種です。紅葉時は縁が赤くなります
c) 季節を問わず赤みがかった種。葉が肉厚で、細かいスジ模様があります
d) ブルーグリーンの葉は、紅葉時でも緑の澄んだ色調は変わらず、葉先のみ赤くなります
e) 葉先の尖った部分のみピンポイントで紅葉する様子が人気で、紅葉期には引っ張りだことなる種

f) うっすらとピンクの葉が年中楽しめる。紅葉すると更にピンク色が全体的に濃くなる
g) 生長が遅く、特に夏の蒸れに弱い小型種
h) 親株の横に小さな子株をたくさん出し、よく増えます
i) 肉厚な葉は紅葉せず、年中澄んだブルーグリーンの色を保ちます

Euphorbia ユーフォルビア

サボテンと似た形をしているため、間違えてしまう人が多い属。その差はとても小さなもので、トゲが茎から直接生えているのがユーフォルビア属、「刺座（しざ）」と呼ばれる白い土台のような場所から生えているのがサボテン科の植物です。また、ユーフォルビア属は、表面に傷をつけると白い液体が出てきます。これは動物の食害から身を守るためといわれており、触ると手がかぶれてしまうので注意しましょう。根がとても弱いため、植え替えはあまりしないほうが良いです。どうしても植え替えが必要な場合は、太根の植物の植え替え方法で行ってください（p.75参照）。寒さや暑さにも弱いため、冬は暖かい室内で、夏は風通しが良い場所に置くようにしましょう。

科　　名	トウダイグサ科
生長期	夏型種（3-11）
難易度	1 ②　3　4　5
水やり	2週に一度
室内栽培	○　△　×
根の太さ	細　太

図鑑　多肉植物　E

怪魔玉 かいまぎょく ⓐ
峨媚山 がびざん ⓑ

a) 上へ上へと伸び、暖かくなってくるとやしの木のような葉を出します。頭頂部に緑色の葉のような色をした地味な花をつけます
b) ある程度の高さまで育つと、親株の横に子株を出し、横に広がるように群生していきます

白樺キリン しらかばきりん ⓐ
紅彩閣 こうさいかく ⓑ

a) 白っぽい色味と表面の模様が、まるで爬虫類のよう。頭頂部にはピンクの花をつけます
b) サボテンにそっくりですが、飛び出しているのはトゲではなく、花をつけるための「花座（はなざ）」。ピンクの花をつけます

図鑑 多肉植物 E

ホリダⓐ　オベサⓑ　バリダⓒ

a) 球状に大きくなっていき、20cm程度にまでなると、今度は上へと伸びていきます。表面は白い粉を吹き、ゼブラ模様に
b) 別名「ベースボール」。花座やトゲは出ません。10cmくらいまで球状で大きくなり、それ以降は上に伸びていきます
c) 表面のヒダがスクリューのように渦を巻いて育ちます。上には伸びず、親株の横に子株を出して、群生していきます

春峰 しゅんぽう

「ラクテア」の綴化種（せっかしゅ）※。写真はユーフォルビアの彩雲閣（さいうんかく）に接ぎ木されている状態で、春峰の本体は上部のみ。生長の早い柱サボテンに接ぐことで、生長の遅い春峰を早く大きくすることができますが、これは上級者向けの栽培法です。

※生長点が線になってしまい、形状が変化してしまった奇形種

図鑑 多肉植物 E・F

鉄甲丸 てっこうまる

頭頂部から出た葉が落ちるとそのまま、茎に跡として残り、これが積み重なって岩のような肌質となります

ミルクブッシュ

赤、黄、緑のグラデーションが美しい別名「カラフルミルクブッシュ」と呼ばれる種。かなり大きな個体に育ちます

Fenestraria フェネストラリア

葉先にレンズのような窓があるのが特徴のフェネストラリア属。夏も比較的涼しい南アフリカ北部などが故郷のため、寒さにはとても強く、凍ってしまっても平気なほど。反面、夏の蒸れにとても弱くすぐに腐ってしまうため、管理がなかなか難しい属です。夏は風通しの良い場所に置き、完全に水やりを断って、腐敗対策してください。生育期も基本的には少なめの水やりを心がけ、葉にシワが寄るようでしたら、少し多めの水をあげるようにしてください。

科　名	ハマミズナ科	水やり	2週に一度
生長期	冬型種 (9-5)	室内栽培	○ △ ✕
難易度	1 2 3 ④ 5	根の太さ	細 太

五十鈴玉 いすずぎょく

まったく同じ形状をした「郡玉（ぐんぎょく）」という種があり、花が咲かないと見分けがつきません。黄色の花をつけるのが「五十鈴玉」、真っ白な花をつけるのが「郡玉」です

Gasteria ガステリア

どんなことをしても枯れない、と言っては大げさですが、多肉植物の中でも一、二を争うタフな属です。半日陰に置いて、生長期に水をしっかり与えてあげるだけですくすくと育ちます。肉厚な葉を対称に伸ばしていき、中央からひょろりと長い柄を出して花をつけるのですが、その花が胃袋のような形をしているため、英語の「胃」の「gastric」から、ガステリア属と名付けられました。

科　　名	ユリ科
生 長 期	夏型種（3-11）
難 易 度	① 2 3 4 5
水やり	2週に一度
室内栽培	◎ △ ×
根の太さ	細 太

ピランシー ⓐ

臥牛 (がぎゅう) ⓑ

グロメラータ ⓒ

a) 別名「恐竜（きょうりゅう）」と呼ばれる大型種

b) ガステリア属の代名詞的な人気種「臥牛」。葉の厚みや模様に個体差が大きく、コレクターが多いです

c) 小型種で、子株を増やして群生します

銀紗子宝 ぎんしゃこだから ⓐ
春鶯囀 しゅんおうてん ⓑ

a) ガステリアの中では珍しく、葉を四方に伸ばす種
b) 銀紗子宝と同じく葉を四方に伸ばす種。紅葉期はうっすら葉が赤くなります

子宝 こだから

葉にまだら模様の斑が入った小型種。子株を増やして群生します

Graptopetalum グラプトペタルム

とにかく光さえ当たっていれば大丈夫、というくらい簡単に育てられる属。ただし、光は必要なので、室内での栽培には向きません。エケベリア属やセダム属にとても近く、頻繁にエケベリアとの交配に使われます。葉は年中ピンク色がかっている種が多く、寄せ植えに色を添えたい時にとても重宝します。丈夫とはいえ、やはり他の多肉植物同様、夏の蒸れは好まないので、風通しには注意してあげてください。

科　　名	ベンケイソウ科
生 長 期	夏型種 (3-11)
難 易 度	① 2 3 4 5
水 や り	2週に一度
室内栽培	○　△　⊗
根の太さ	細　太

デビー

グラプトペタルムとエケベリアの交配種で、厳密には「グラプトベリア属」と呼ばれる交配属に入ります。グラプトペタルムの丈夫さと、エケベリアの美しいロゼットを受け継いでいます

ブロンズ姫
ぶろんずひめ ⓐ

白牡丹 はくぼたん ⓑ

秋麗 しゅうれい ⓒ

a) 年中赤い色をした小型種。親株の横に小さな子株を出して、よく増えます
b) 厳密には交配属の「グラプトベリア属」。薄手の葉はきれいなロゼットとなります
c) 楕円型で白地にピンクがかった葉を持つ種

Haworthia ハオルシア

寒さ、暑さにも強いのでとても育てやすい属です。葉先に大きなレンズ状の窓を持ち、ここから光を集めます。少ない光を効率良く集めるしくみになっているため、あまり強すぎる日光は苦手ですが、室内でも窓辺なら十分育てることができます。また、完全に根が乾いてしまうのを嫌うため、鉢の中の水分がなくなったらすぐに水やりしてください。他の多肉植物より頻繁に水やりが必要です。葉は紅葉せず、一年中みずみずしい緑色を保ちます。

科　　名	ユリ科
生 長 期	夏型種（3-11）
難 易 度	① 2 3 4 5
水 や り	2週に一度
室内栽培	◎　△　×
根の太さ	細　太

図鑑　多肉植物　H

玉扇 ぎょくせん ⓐ
宝草錦 たからぐさにしき ⓑ
万象 まんぞう ⓒ

a) 葉先をスパッとナイフで切り取ったような窓が特徴。扇状の扁平な葉型をしています

b) 「宝草」という種の斑入り。緑の葉に白いまだら模様が入っています。名前に「錦」とつく植物は、斑入りを指すことが多いです

c) 象の足の裏のような形状から名前がつきました。赤みがかっている部分は紅葉ではなく、下葉が枯れる前の兆候です

九輪塔 くりんとう ⓐ
瑠璃殿 るりでん ⓑ
小天狗錦 こてんぐにしき ⓒ

a) 葉の表面に星のような模様を持つことから「有星類」と呼ばれます。ある程度上に伸びると、親株の横に子株を増やしていきます

b) 螺旋状の珍しい形のロゼットとなる種類。葉の表面には細かいストライプ模様が浮かびます

c) 九輪塔、瑠璃殿と同様、葉が固くしまっており、3種とも光の少ないところに特に強い種類

ボルシー

キャベツのように薄い葉が玉のように重なるロゼットになり、葉の縁からはレースのような細い毛が出ます。光の強さに敏感で、光が強すぎると茶色に変色し、弱すぎると葉が開いてきてしまうので、ちょうどいい場所が見つかるまで、何度か置き場所を試してみてください

a) オブツーサの白い斑入り種
b) 鮮やかな黄緑色をした薄手の葉が特徴
c) 粒が小ぶりで透明度が高い
d) このサイズでもう成体となり、花をつける小型種
e) 葉先のレンズがひと際大きな種類
f) 別名「しずく石」とも呼ばれ、ウンブラティコラ同様透明度が高い種類
g) 葉先の窓に爬虫類の肌のような網目模様が浮かびます
h) 葉先が非常にシャープで透明度のある交配種

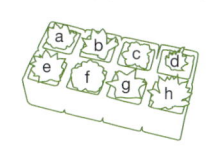

図鑑 多肉植物 H

ピリフェラ錦 ぴりふぇらにしき a
京の華 きょうのはな b
ウンブラティコラ c
ルテオローザ d
レツーサ e
オブツーサ f
竜鱗 りゅうりん g
クーペリー h

Hoodia フーディア

ゆっくりと1m近くにまで大きく生長し、ガガイモ科では一番大きくなる属。サボテンに似ていますが、ユーフォルビア属と同じく、刺座はなく、茎から直接トゲや花座が出ます。また、ユーフォルビア属は葉を出しますが、フーディア属は葉を出しません。頭頂部にとても強烈な臭いがする杯型の花をつけるので、「ブッシュマンの帽子」と呼ばれることも。寒さにとても弱いので、冬は室内で管理してあげてください。かつてはネイティブアメリカンの食料となっており、最近では、ダイエット食として注目されています。

科　名	ガガイモ科	水やり	2週に一度
生長期	夏型種（4-11）	室内栽培	○ △ ✕
難易度	1 ② 3 4 5	根の太さ	㊀ 太

ゴルドニー

白みがかったシルバーの肌質が特徴。サボテンと違い、トゲは尖っていません

Huernia フェルニア

小型で群生するタイプが多い属。ユーフォルビア属と似ていますが、フェルニア属は葉を出しません。頭頂部に小さな花をつけ、フーディア属同様、とても強い臭いがします。比較的光の少ないところでも育つので、室内での栽培も可能です。根腐れしやすい属なので、水やりは土がしっかり乾いたら、たっぷりとあげるようにします。水やりの頻度が多すぎると徒長してしまうこともありますので、注意してください。

科　名	ガガイモ科	水やり	2週に一度
生長期	夏型種（3-10）	室内栽培	○ △ ✕
難易度	1 ② 3 4 5	根の太さ	㊀ 太

蛾角 がかく

上へだけでなく、四方にうねるように伸びていく小型種。親株の横にたくさんの子株を出して増えていきます

Kalanchoe カランコエ

葉の形や色合いが個性的で、様々なバリエーションを楽しめる属。葉の縁に小さな子供をつけ、次々に地面に落として繁殖していく姿から、「クローンコエ」、「マザーリーフ」などという名前がつけられる種類もあります。ベンケイソウ科は比較的寒さに強いのですが、カランコエ属はとても寒さに弱いので、冬は室内でしっかりと管理し、水も控えて休眠させてください。夏の暑さにも弱いので、こちらも水を控えて通気に気をつけます。暖かい春〜初夏にかけてしっかり水やりをして生長させましょう。

科　　名	ベンケイソウ科
生長期	夏型種 (3-11)
難易度	1　②　3　4　5
水やり	2週に一度
室内栽培	○　△　⊗
根の太さ	細　太

図鑑　多肉植物　K

マルニエリアナ a
胡蝶の舞錦
こちょうのまいにしき b

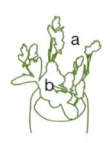

a) 葉がとても小さく、上へ上へと伸びていき、木立ちになります
b)「胡蝶の舞」の白い斑入り種。紅葉期には、白い部分がピンク色に染まります

ファング a
仙女の舞
せんにょのまい b

a) 葉の裏側に牙のような突起が出てくることから「ファング」と名付けられました。葉全体が短い毛で覆われています
b) ファングのような突起が出ない種。短い毛と葉の形はファングと同じです

白銀の舞
はくぎんのまい

白い粉を吹き、まるで石膏像のような質感。冬にはピンク色の光沢のある花を咲かせます

小さじ こさじ ⓐ
銀のスプーン
ぎんのすぷーん ⓑ
仙人の舞
せんにんのまい ⓒ

a)「銀のスプーン」の小型種
b) さじのような丸い葉に、短い毛がびっしり生えており、シルバーに光って見えることから「銀のスプーン」と名付けられました
c) 赤みがかったゴールドのような葉色が特徴的。葉の一枚一枚がとても大きくなる大型種

月兎耳 つきとじ a
福兎耳 ふくとじ b
野うさぎ のうさぎ c

図鑑　多肉植物　K

a) 兎の耳のように細長く、ふわふわした毛が生えています
b) 白い「月兎耳」。生長が遅く、特に夏の蒸れに弱いです
c) 「月兎耳」の小型種。茶色がかった野性味あふれる色になります

冬もみじ ふゆもみじ a
朱蓮 しゅれん b

a) ギザギザのある葉が、紅葉期に真っ赤に染まる姿はもみじそっくり。通常期は薄いグリーン
b) 紅葉期には真っ赤に染まり、特に葉の裏側は濃い赤となります。冬もみじと朱蓮は夏の蒸れにも強いです

扇雀 せんじゃく

個体差が大きく、いろいろな葉の模様が楽しめる。写真の2つも実は同じ種類。「姫宮（ひめみや）」とも呼ばれます

クローンコエ

葉のまわりにたくさんの子をつけ、それを落としてどんどんまわりに子株を増やしていきます。別名「マザーリーフ」。冬の寒さに弱いので室内で管理してください

フミリス

グロテスクな葉の模様でマニアに人気です

紅提灯 べにちょうちん

紅葉期は全身真っ赤に染まります。通常期は深いグリーンです。冬にはベル型の花を咲かせます

Ledebouria レデボウリア

小型の球根から薄手の多肉質ではない葉を出します。葉は常緑で紅葉はしません。春先には房状の花を咲かせます。とても丈夫で、冬の寒さにも強く、育てやすい属。増やす際は、球根を株分けしましょう。その昔、レデボウリア属は「シラー属」とも呼ばれており、本によっては、こちらの名前で紹介されているものもあります。

科　　名	ユリ科
生 長 期	夏型種（3-11）
難 易 度	① 2 3 4 5
水 や り	2週に一度
室内栽培	○ △ ×
根の太さ	細 太

図鑑 多肉植物 L

ビオラセア

葉に美しい斑模様があり、裏は濃い紫色をしています。日光不足になると、色が薄くなり、葉が細長くひょろひょろと伸びてしまうので注意してください

Lithops リトープス

一対の葉と葉と茎が合体し、コロンとした不思議な姿をした属。動物の食害から身を守るため、石や砂に姿を似せた擬態植物です。様々な色や形があり、100種類以上が市販されるマニアの多い属でもあります。夏は表面がカサカサのかさぶたのようになりますが、水やりをせずに風通しだけ気をつけて秋まで放っておいてください。秋になると脱皮をし、かさぶたを突き破って複数の新しい個体が出てきます。冬はからだにシワが寄らない程度に控えめに水やりをし、しっかりと光に当てるようにします。水をあげすぎるとすぐ腐ってしまうため、育てるのがとても難しい属です。

図鑑 多肉植物 L

科　　名	ツルナ科
生長期	冬型種（9-5）
難易度	1　2　3　4　⑤
水やり	2週に一度
室内栽培	○　△　⊗
根の太さ	細　太

様々なリトープス

アルビニカ、トップレッド、オリーブ玉などなど、様々な色や形があるリトープスは、レンズの色の組み合わせで、とても素敵な寄せ植えを作ることができます

Pachyphytum パキフィツム

コロコロした肉厚の葉がロゼットになる、エケベリア属にとても近い属です。大きな葉は、太い茎にしっかりと支えられて、ゆっくりと上へ上へと生長していきます。ピンクや紫色を帯びた葉は、紅葉時にその色をさらに濃くします。夏の蒸れにさえ注意すれば、とても丈夫で育てやすいです。肉厚の葉に多くの水を貯えることができるので、水やりは少なめで大丈夫です。

科　　名	ベンケイソウ科
生長期	夏型種 (2-11)
難易度	①　2　3　4　5
水やり	2週に一度
室内栽培	○　△　Ⓧ
根の太さ	細　太

図鑑　多肉植物　P

京美人 きょうびじん ⓐ
桃美人 ももびじん ⓑ
紫麗殿 しれいでん ⓒ
ロンギフォリウム ⓓ
千代田の松 ちよだのまつ ⓔ

a) 葉のスラリと長くなる種類。紅葉期は葉先だけピンクに染まります
b) 肉厚な葉は白い粉を吹きます
c) ゆっくりとですが、大きく生長する種。渋い紫色の花をつけます
d) 「千代田の松」の葉の長い種。美しいロゼットになります。木立ちにはなりません
e) 葉が硬く、開く前の合わせ目がそのまま葉の模様になっています。木立ちになります

43

Pachypodium パキポディウム

茎が多肉質で、表皮は硬いのですが、中は海綿状になっています。太い茎は縦に大きく伸び、10mにまでなるものも。また、茎を太くして、とっくりのような形状になるものなど、様々な茎型を楽しめます。冬の寒さでダメになってしまうことが多いので、冬は室内にしまって断水してください。梱包材などを巻き付けて保温すると効果的です。

科　名	キョウチクトウ科	水やり	2週に一度
生長期	夏型種（4-10）	室内栽培	○ △ ×
難易度	1 ② 3 4 5	根の太さ	細 太

シバの女王の玉櫛
しばのじょうおうのたまぐし

赤褐色の葉には薄く毛が生えています。夏には黄色の花を咲かせ、冬は落葉します

Pleiospilos プレイオスピロス

灰色がかった褐色の肌をした球体のからだが特徴。リトープス属と同じく、葉と茎が一体化しており、こちらも動物の食害から身を守るために石ころのように擬態化しています。リトープス属との違いは、葉の上部に模様がないこと。日光が大好きなので、しっかりと当てて育ててください。リトープス同様、夏の湿気に弱く、腐りやすいので、とても育てるのが難しい属です。リトープスのように脱皮して増えないので、種を取り、種から増やしていきます。

科　名	ハマミズナ科	水やり	2週に一度
生長期	冬型種（9-5）	室内栽培	○ △ ×
難易度	1 2 3 4 ⑤	根の太さ	細 太

帝玉 ていぎょく

丸石にしか見えない見事な擬態ぶり。からだの割れ目の部分からオレンジ色の大きな花を咲かせます

Portulacaria ポーチュラカリア

少し寒さに弱いですが、比較的丈夫で育てやすい部類に入る属です。1年を通してしっかりと日光に当てて育てるとすくすくと大きくなります。日光不足になるとポロポロと葉が落ちてしまうので注意。紅葉時には、葉の縁がピンク色に紅葉します。故郷の南アフリカでは大きな藪になっていて、象の食用となっています。

科　名	スベリヒユ科
生長期	夏型種（3 - 11）
難易度	1 ②　3　4　5
水やり	2週に一度
室内栽培	○　△　×
根の太さ	細　太

図鑑　多肉植物　P

雅楽の舞
ががくのまい

「銀杏木（いちょうぼく）」の白い斑入り種。四方八方に茎を伸ばしていきます。ポーチュラカリアの代表的な存在

モロキネンシス

とてもゆっくり生長する種で、頭頂部にのみ小さな葉をつけます。冬には落葉して葉が1〜2枚しか残りません。

Sedum セダム

とにかく種類が豊富で、様々な葉の形や色を楽しめる属。またどれも丈夫で、とても育てやすく、初心者向きです。ただし、日光を好むので、室内での栽培にはあまり向いていません。群生する種は、夏の暑さは少し苦手なので、風通しの良い場所に置いて、水を控えてください。群生しない種は水をしっかりあげても大丈夫です。葉挿しや挿し芽などで簡単に増やすこともできます。ミセバヤなどのように古くから日本にも自生する属です。

図鑑 多肉植物 S

科　　名	ベンケイソウ科
生 長 期	夏型種（5-10）
難 易 度	①　2　3　4　5
水 や り	2週に一度
室内栽培	○　△　Ⓧ
根の太さ	細　太

虹の玉 にじのたま ⓐ
オーロラ ⓑ
乙女心 おとめごころ ⓒ
トレレアセイ ⓓ
新玉つづり しんたまつづり ⓔ

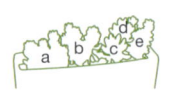

a) 寒さに強く、真っ赤に紅葉します
b) 「虹の玉」の斑入り種
c) 紅葉期には葉先だけピンクに染まります
d) 鮮やかなブルーグリーンの葉を出し、上へ上へと伸びていきます
e) 黄緑色の丸い葉が密集しながら上へ伸びていきます。別名「ビアホップ」

宝珠 ほうじゅ a
宝珠扇 ほうじゅせん b
八千代 やちよ c

図鑑 多肉植物 S

a) 平たく細長い葉は、葉の縁だけ赤く紅葉します
b)「宝珠」の丸葉種で、ひとまわり小型。上へと伸びて木立ちになり、茎は木のように太くなります
c) バナナのような葉は、オレンジ色に紅葉します

a) ハリと光沢のある葉は、葉先のみ紅葉します
b)「黄麗」の白い斑入り種
c) マットな質感のグリーンが特徴。ロゼットになります
d) 黄色がかった光沢のある葉を持つ種
e) 紅葉はせず、通年黄色がかった葉を保ちます

松の緑 まつのみどり a
黄麗錦 おうれいにしき b
春萌 はるもえ c
銘月 めいげつ d
黄麗 おうれい e

Senecio セネシオ

「グリーンネックレス」のような垂れ下がって育つ種など、様々な品種があり、寒さや暑さにも強く、育てやすい属です。春から夏にかけての生育期にしっかりと光に当てて水を与えると、とても大きく生長します。冬は生長を止めて地味な花をつけます。葉の白い種類は夏の蒸れが苦手なので、風通しの良いところに置いてください。

科　　名	キク科
生 長 期	夏型種（5 - 10）
難 易 度	1　②　3　4　5
水 や り	2週に一度
室内栽培	○　△　×
根の太さ	㊃　太

美空鉾 みそらほこ ⓐ
白寿楽 はくじゅらく ⓑ
七宝樹 しっぽうじゅ ⓒ
マサイの矢尻 まさいのやじり ⓓ
万宝 ばんぽう ⓔ

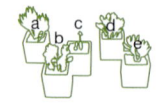

a) 長く鋭い葉が、内側に閉じるようにして上に伸びていきます
b) 「グリーンネックレス」に似た玉のような葉を持ちますが、こちらは垂れ下がらずに上に伸びます
c) 夏に葉が落ちると、なんとも寂しい姿になってしまうのですが、逆にそれが「カワイイ」という人も
d) 矢尻のような葉の形からその名がつきました。矢尻というよりは、お玉のようでもあります
e) 葉の表面に白い粉を吹く種。紅葉期には葉先がピンクになります

紫蛮刀 むらさきばんとう

一年を通して葉の縁は紫色で、紅葉期は葉全体が紫に染まります。南蛮刀のような葉の形がその名の由来

銀月 ぎんげつ

葉の表面に白い粉を吹く大型種。夏の蒸れにとにかく弱いので風通しには十分注意してください

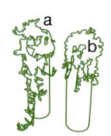

a) 紫色の茎から細長い円錐状の葉を出し、鉢から垂れ下がるようにして伸びていきます。光をたくさん当ててあげると、紫色がより色濃く出ます
b) グリーンピースのような玉状の葉をつけて、垂れ下がるように伸びていきます。1m以上垂れ下がることも

ルビーネックレス ⓐ
グリーンネックレス ⓑ

49

多肉の雑学コラム

©アメリカ西部5州政府観光局

#1 世界最大のサボテン

　アメリカ〜メキシコにかけて広がるソノラ砂漠は、"砂漠の巨人"と呼ばれる世界最大のサボテン「サワロサボテン」の生息地。日本では「弁慶柱」とも呼ばれる巨大なサボテンは、数十年で高さ10mを超え、時には150年もの長い時間を経て約20mにも成長するものも！気温40℃を超え、年に数日しか雨の降らないソノラ砂漠で生き抜くには、地中に広く根を張ることで雨を効率的に吸収し、大量の雨水をため込んでおくための大きなからだが必要だったのです。その巨体には数トンもの水をため込むことができます。生息地一帯はアメリカの「サワロ国立公園」になっており、サボテンファンは一度は訪れてみたい聖地のひとつとなっています。

　また、サボテンに限らず、すべての多肉植物の中で世界最大のものは、アフリカのサバンナ地帯に生息するバオバブの木になるでしょう。サン・テグジュペリの『星の王子様』で有名なバオバブの木もれっきとした多肉植物で、最大のものは、南アフリカのリンポポにある高さ47m、直径15mの木。バオバブには年輪がないため、樹齢を特定するのは難しいのですが、数千年に達するのではないかといわれています。

サボテン

Astrophytum アストロフィツム

球体のからだに星をちりばめたような白点があることから「アストロフィツム属」と名付けられました。他の属にも、こうした白点を持つ種がおり、これらを「有星類」とも呼びます。からだの出っ張りを稜と呼び、5〜8稜が標準です。この稜の数やバランスで様々な個体差があり、愛好家も多く、日本各地で品評会も数多く開かれています。日本は世界でも有数のアストロフィツム属の交配が盛んな場所で、世界中に輸出されています。

科　　名	サボテン科			
生 長 期	夏型種（4 - 10）			
難 易 度	1　②　3　4　5			
水 や り	2週に一度			
室内栽培	◎	△	×	
根の太さ	細	太		

恩塚鸞鳳玉
おんづからんぼうぎょく

恩塚さんという栽培家の方が作り出した交配種。表面が毛羽立ち、複雑な模様がよく出ています。写真は星型の5稜の個体ですが、いろいろな稜数の個体があります。屋内でも育てられますが、屋外のほうがきれいな形に育ちます

Espostoa エスポストア

強い日光から身を守るために、長い毛をまとっているサボテンです。この白い毛に水がかかると汚れてしまうことがあるので、地面に水やりをするようにしてください。また、根が弱いため、植え替えは避けましょう。それ以外は、一般的な多肉植物と同じく、夏の蒸れ対策の風通しや、生育期以外の水やりを控えてやれば、しっかりと育ちます。

科　　名	サボテン科
生 長 期	夏型種（4-10）
難 易 度	1 ②　3　4　5
水 や り	2週に一度
室内栽培	○　△　×
根の太さ	細　太

幻楽 げんらく

ふわふわの長い毛をまとっており夏の蒸れにとても苦手なので、風通しの良い場所で育ててください。生長はゆっくりですが、時間をかけて育てると柱サボテンのように大きくなります。

Gymnocalycium ギムノカリキウム

市販用から愛好家向けまで、これほど多くの種類を抱えた属はありません。日本でもかつてブームとなり、様々な交配種が生まれています。基本的に丈夫で育てやすく、空中の湿度が大好きなので、乾燥が続く冬などは、梱包材などで包んで湿度を保つと効果的です。なるべく水を切らさないように注意してください。湿度が好きとはいえ、暑い夏の蒸れは苦手。突然腐ってしまうこともあるので、夏の風通しには気をつけましょう。

科　　名	サボテン科
生 長 期	夏型種（3-11）
難 易 度	1 ② 3 4 5
水 や り	10日に一度
室内栽培	◯　△　×
根の太さ	㊁　太

図鑑　サボテン　G

翠晃冠錦
すいこうかんにしき

「翠晃冠」という種類の斑入り種。ピンクや黄色、緑の斑模様のコントラストが楽しめます。夏場は斑の部分が日焼けしないよう、新聞紙などで遮光してあげてください

Lophophora ロフォフォラ

トゲがなく、代わりに綿のような毛が生えていて、とっぷりしたからだはお餅のように柔らかい、そんな変わり種な特徴を持つ属です。植物成分に覚醒作用があり、古くからネイティブアメリカンの祭事に使われてきました。とても丈夫で親株の横にたくさんの子株を出してよく増えます。生長はややゆっくりです。

科　　名	サボテン科
生 長 期	夏型種（3 - 11）
難 易 度	1　②　3　4　5
水 や り	2週に一度
室内栽培	〇　△　×
根の太さ	ⓒ細　太

翠冠玉 すいかんぎょく

まるで異星からやってきた謎の生命体のような摩訶不思議な形。とても丈夫でめったなことでは枯れません。夏場は日焼けしないよう、新聞紙などで遮光してあげてください。

Mammillaria マミラリア

とにかく丈夫で、サボテンの中でも最も育てやすい属のひとつです。種類も豊富で飽きません。細かいトゲを持ち、小さな花をつけます。基本的には小型種が多く、子株を出して群生します。とてもよく増えるので、その中から形の良いものを選んで、自分のお気に入りを育て上げるのも楽しみ方のひとつ。よく日に当てるとしまった球体に仕上がります。また、丈夫とはいえ暑い夏の蒸れは苦手。突然腐ってしまうこともあるので、夏の風通しには気をつけましょう。

科　名	サボテン科	水やり	2週に一度	
生長期	夏型種（2-11）	室内栽培	◯ △ ×	
難易度	① 2 3 4 5	根の太さ	細 太	

金手毬綴化
きんてまりせっか

「金手毬」の綴化種。綴化とは、生長点が不規則にいくつも出る突然変異のこと。

白星
しらぼし

雪のようにふわふわした巻きトゲを生やす種。冬に淡いピンクの小花をつけます

白珠丸
はくじゅまる

トゲが長く硬いため、触るととても痛いです。冬に濃いあずき色の小花をつけます

Opuntia オプンチア

うちわ状の茎が柱のように連なるため「ウチワサボテン」とも呼ばれます。日本に初めて渡来したサボテンといわれています。丈夫で繁殖力が強く、アフリカなどでも移植されたものがそのまま雑草化して繁殖しているほど。大型種の実は美味しいフルーツとして食用になっています。寒さにも、高い湿度にも対応できるため、日本でまったく問題なくすくすくと育ちます。

科　　名	サボテン科	水 や り	2週に一度
生 長 期	夏型種（3 - 11）	室内栽培	○ △ ✕
難 易 度	1 ②　3　4　5	根の太さ	細　太

白桃扇 はくとうせん ⓐ
金烏帽子 きんえぼし ⓑ

a)極細の白いトゲをつける中型種
b)「白桃扇」のトゲが黄色をした種

Rhipsalis リプサリス

森林などの樹木に着生するサボテン。湿度が高く、半日陰を好むので、室内での栽培に最適です。土に植えるのではなく、水苔などに挿して育てることもできます。土に植える際は水はけを良くするために鉢底にごろ土を多めに入れてください。夏の強い光は苦手なので、新聞紙などで遮光して管理すると良いでしょう。

科　　名	サボテン科	水 や り	10日に一度
生 長 期	夏型種（4 - 11）	室内栽培	○ △ ✕
難 易 度	1 ②　3　4　5	根の太さ	細　太

青柳 あおやぎ

リプサリス属の中でも特に茎節が短い種。茎節をどんどん連ねて、垂れ下がるように育ちます。湿度が大好きなので、お風呂場などに置いても大丈夫です。

Uebelmannia ユーベルマニア

比較的新しく発見された属。この属の代表格である馬のたてがみのようなトゲを持つ「ペクチニフェラ」が発見された際は、話題となりました。他のサボテン同様、丈夫で栽培しやすいです。しっかり日に当てて、風通しの良い場所で育てれば、独特の肌質がきれいに出る個体に仕上がるはずです。子株を出さないので、増やす際は種から育てます。

科　　名	サボテン科
生長期	夏型種（4-10）
難易度	1　②　3　4　5
水やり	2週に一度
室内栽培	◯　△　×
根の太さ	㊀細　太

図鑑 サボテン U

ペクチニフェラ

縦長の刺座にたてがみのようなトゲをびっしりと生やします。冬に黄色い小さな花をつけます。

多肉の雑学コラム

#2 多肉植物聖地巡礼

TANIKU-toropedia

多肉植物に限らず、植物の愛好家なら一度は訪れてみたい憧れの聖地として名前が挙がるのが、南アフリカ南部の「ナマクワランド」です。

荒野の広がる砂漠地帯なのですが、春の訪れを知らせる雨が降るとその景色は一変し、"神々の花園"と呼ばれる約4000種類の植物がひしめきあう花園に大変身！ その半数がナマクワランドでしか見られない固有種という植物ファンにはたまらない、まさに"聖地"。また、世界で確認されている多肉植物の約1割がここに自生しており、ここでしか見ることのできない貴重な種に数多く出合えます。毎年多くのツアーが組まれており、世界中から聖地巡礼の観光客が訪れます。

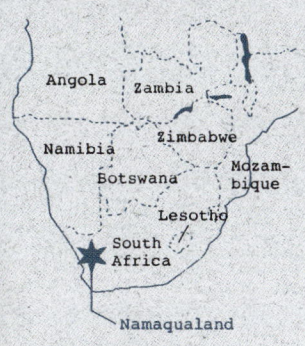

多肉の雑学コラム 2

©南アフリカ政府観光局

多肉の雑学コラム

多肉の雑学コラム 3

#3 多肉植物切手図鑑

可愛かったり、ちょっとグロテスクだったり、摩訶不思議な多肉植物の造形が植物画となってあしらわれた切手たち。発行元のお国柄により、そのタッチや色合いも様々。ついつい集めたくなってしまう多肉植物切手たちを集めてみました。憧れのあの貴重な種も、切手でなら手に入るかも!?

多肉の雑学コラム 3

tropicariA

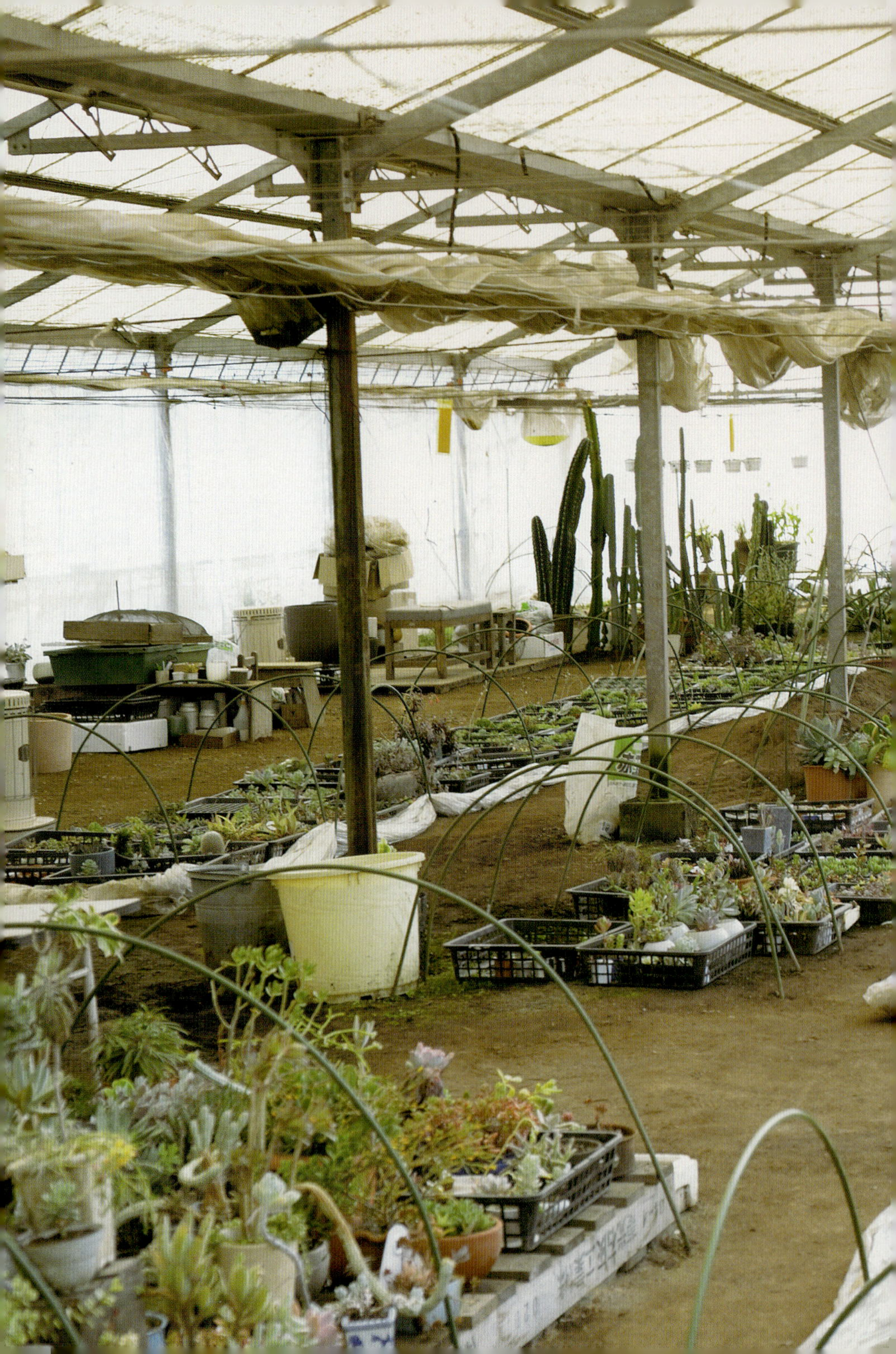

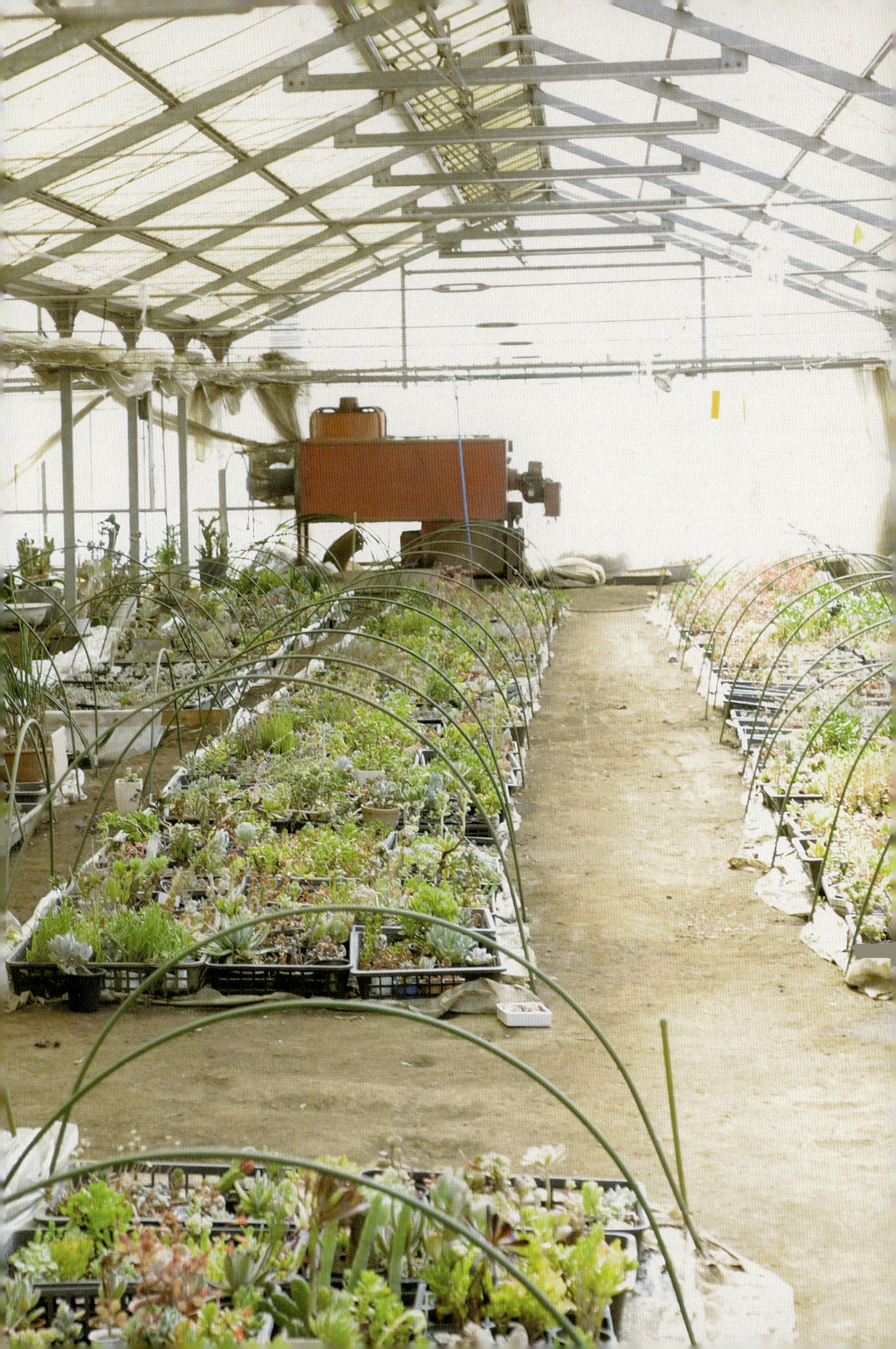

Lesson. 01 to 08
多肉植物との付き合い方

日本の風土とはまったく異なる環境で生まれた多肉植物。
その育て方はちょっと変わっています。
けれど、その正しい付き合い方のポイントさえ理解しておけば、
他の植物と比べて手がかからず、育てやすい植物です。
しかも、手軽にドンドン増やすことができる強靭な生命力の持ち主でもあるのです。
ここでは、多肉植物の育て方と、その増やし方を紹介します。

Lesson. 01
多肉植物って、どんな植物？

育て始める前に、まず、多肉植物とはどんな植物なのか？
そのキホンを軽くお勉強。

01-1　多肉植物って何？

さて、そもそも多肉植物ってなんでしょう？ トゲトゲが生えていて、身体が肉厚で棒のようになっている、いわゆる「サボテン」のこと？ なんて思っている方も多いかもしれません。それはそれで、間違いではありませんが、多肉植物というのはサボテンだけではありません。サボテンはとても種類が多く、多肉植物の代表選手的な存在ですが、あくまで多肉植物のひとつ。サボテン以外にもたくさんの多肉植物があります。多肉植物というのは、葉や茎を肉厚にして、そこに水をため込んでおけるからだの構造を持った植物の総称なんです。その多くは乾燥した場所に生息しているため、めったに降らない雨をたくさん身体にとりこんで、乾燥から身を守ります。その生息地の気候や天敵などに合わせて、思い思いにその身体の形を変化させて、進化してきたその姿は、ふつうの植物とは違った独特な雰囲気。その造形美に魅せられてしまったマニアが世界中にたくさんいます。

毛むくじゃらになって、
強い日差しから身を守ったり

石ころに身体の形を似せて、
食害から身を守ったり

レンズのような窓をもって、
効率良く光を集めたり

01-2　多肉植物のふるさとを知ろう

多肉植物のふるさと、というと、雨がほとんど降らないカラカラに乾燥した砂漠地帯を思い浮かべる人が多いかもしれません。しかし、実際は、乾燥した乾季だけでなく、雨が多く降る雨期もある砂漠の周辺地帯にその多くが自生しています。そのため、雨季に得た水分をため込んで、乾季を乗りきるようなからだのしくみができているのです。

日本で多肉植物を元気に育てるコツは、この乾季と雨季を日本でうまく再現してあげること。乾季は、十分な日当たりがあり風通しが良い場所を用意することで、雨季は豊富に水やりをしてあげることで再現することができます。

多肉植物の主な分布地

…多肉植物　…サボテン

> サボテンは、北・南・中央アメリカが原産地で、そのすべてがこの一帯に生息しています。
> その他の多肉植物はアメリカ大陸だけでなく、アフリカやヨーロッパの高地、オセアニア、アジアなどにも広く分布しています。
> 日本も分布地のひとつです。
> 乾燥から身を守ろうとすると、世界中どこの植物も多肉化する進化をするようですね。

多肉植物との付き合い方

Lesson. 02
多肉植物が喜ぶ「置き場所」とは？

重要なのは「日当たり」と「風通し」

多肉植物が自生しているのは、「とても日差しが強く、乾燥している地域」です。つまり、自生している場所に近い、日当たりが良く、風通しの良い場所が理想的ということになります。日当たりの悪い場所やじめじめと湿気が多いところは大の苦手。また、最低でも1日4時間以上は日が当たる場所を探しましょう。

02-1 屋外での置き場所のポイント

屋外の場合は、軒下の奥などに置いて、直接雨が当たらない場所を選んでください。ひさしのあるベランダや、屋根付きのスタンドなどで雨を防ぐと良いでしょう。梅雨時や強風で屋根の下に雨が吹き込んでしまうような場合は、部屋に入れてあげてください。
また、軒下の奥ですと、陰になり日当たりが悪くなってしまうこともあるので、必要に応じて、太陽の動きに合わせて鉢の位置を動かしてあげると良いでしょう。コンクリートやアスファルトなどの上に直接置くと、夏場などは地面が異常な高温になることがあるため、台やすのこなどを敷いてください。

02-2 屋内での置き場所のポイント

屋内の場合は、窓際などしっかりと日が当たる場所を選んでください。湿気は大敵なので、たまに窓を開けて換気してあげることもお忘れなく。人の目には明るく見えても、室内は植物にとっては日光が十分でないことが多いので、こまめに外に出してあげることも必要です。「日当たり」と「風通し」さえ注意していれば、室内でも簡単に育てることができます。

02-3 「日当たり」と「風通し」が不足するとどうなるか？

日当たりが悪いと、茎がやせて徒長してしまい、風通しが悪いと根腐れを起こしてしまいます。徒長とは、日照不足で茎がひょろひょろと細くもやしのように育ってしまう状態のこと。こうなってしまうと、いくら日に当てても元に戻りません。下の葉を2〜3枚ほど残してその上で切ってあげましょう。すると、切った場所から、また新芽が出てきます。まだ小さな株でも、徒長してしまった場合は、切って処置してあげてください。

また、急に強い光に当てすぎると、今度は葉焼けを起こしてしまうので、徐々に光を当てるようにしてあげてください。

日焼けを起こしたハオルシア

多肉植物との付き合い方

Lesson. 02

02-4 日当たりが悪い家での対処法

日当たりが悪い家でもあきらめないで！ ローテーション大作戦

インテリアとして多肉植物を楽しみたいという場合は、部屋の中だとなかなか十分な日当たりを確保できないことがほとんどです。そういった場合は「ローテーション法」を使って日光浴させてあげてください。
例えば2つの鉢で多肉植物を育てているとします。これをAとBとすると、まず、Aは光の一番当たる窓辺に、Bは光の当たらない置きたい場所に置きます。その状態で3日間置いたら、次の3日はAは光の当たらない置きたい場所へ、Bは光の一番当たる窓辺へ、と置き場所を交換してあげるのです。日光の当たらない室内に置いておくのは、この3日間が目安。光に当たっていない時間が長ければ長いほど、間延びしてしまいます。また、間延びした状態で突然外に出して強い日光を浴びると、日焼けを起こしてしまうので、注意してこまめにローテションしてください。面倒でなければ、1日ごとにしてあげるのがベストです。

02-5　少ない日光量でも育つ品種もあります！

どうしても日当たりの良い場所を確保できない場合は、ハオルシア属やリプサリス属、ガステリア属のように日当たりや風通しが悪い場所でも育てられる種類を選ぶことで、多肉植物を楽しむことができます。

ハオルシア属→p.33

リプサリス属→p.56  　　ガステリア属→p.30

02-6　季節ごとの置き場所

四季のある日本では、季節ごとの気候に合わせて、多肉植物が快適に過ごせるように置き場所を変えてあげてください。

夏

暑さに強い多肉植物でも、あまり強い直射日光を当て続けるのは良くありません。真夏の日照は、午前中だけで問題ありませんので、午後は直射日光の当たらない軒下に移動してください。冬型種は、夏はほぼ休眠します。夏の熱さと湿気に弱いため、日陰で風通しの良い所に移動しましょう。

冬

霜が降りそうな寒い時は、霜が降りる前に室内に入れてあげてください。外の気温が5℃以下の時は室内に置きましょう。ただし、冬は日照不足に陥りやすい季節でもあるので、比較的気温が高くなったタイミングを見計らって、1日3〜5時間以上は日光に当ててください。

春秋

冬に日照不足気味だった葉に、突然強い直射日光を当てると、「葉焼け」を起こして傷んでしまいます。冬に日照不足だった時は、徐々に日当たりの良い場所に移していってください。

多肉植物との付き合い方

Lesson. 03
多肉植物には、「夏型」と「冬型」の2種類があります

多肉植物は、春〜秋の暖かい時に生長する「夏型」と秋〜冬の寒い時期に生長する「冬型」の2種類に大きく分かれます。日の当て方や水やりなどの栽培方法は「夏型」と「冬型」では大きく違います。ほとんどの多肉植物は「夏型」ですが、コノフィツム属やリトープス属、クラッスラ属の一部は「冬型」になります。まずは、多肉植物図鑑ページの「生長期」の項目を参考に、自分が育てる多肉植物が「夏型」か「冬型」かを確認してみてください。

冬型の多肉植物

クラッスラ属→p.18　　コノフィツム属→p.16　　リトープス属→p.42

Lesson. 04
「夏型」と「冬型」の買い時の違い

多肉植物には、原産地の気候により、夏の暖かい季節に生長する「夏型」と冬の寒い時期に生長する「冬型」があります。夏型は春〜初夏にかけて、冬型は秋に購入するのがベストなタイミング。生長する前に購入し、家の環境で生長させることで丈夫になります。ただし、夏型でも、秋の紅葉を楽しめる品種は、秋に購入するのも良いでしょう。

秋の紅葉を楽しめる品種

クラッスラ属
紅稚児→p.20／レモータ→p.22

カランコエ属
冬もみじ・朱蓮→p.39　　etc……

Lesson. 05
お店で多肉植物の苗を選ぼう！

園芸店には多くの多肉植物の苗が売られています。
その中から状態の良いものを選ぶための3つのポイントをご紹介しましょう。

良い苗　　　　　悪い苗

point 1　茎がしっかりと太くて短く、葉が密なもの

茎が細く、葉と葉の間が間延びしているものは、日照不足で徒長気味になっているので避けましょう（ただし、もともと茎が細く、葉と葉の間が開いている種類には、このポイントは当てはまりません）。下葉もしっかりと確認して、葉が枯れたり、弱ったりしているものはやめましょう。

point 2　その種の特徴がよく出ているもの

色や形など、その種類ごとの特徴がしっかり出ているものを選びましょう。種類ごとの特徴は、「多肉植物図鑑」の解説を参照してください。

point 3　葉や株の中心にある成長点が白っぽくなっているものは避ける

葉や株の中心にある成長点は、そこから植物が伸びていく重要な場所。日照不足になると、ここが白っぽくなってしまうので、そうした株は避けたほうが良いでしょう。

> 買った植物のトラブルについて後々相談できそうな、知識豊富な店員さんのいるお店で買う、ということも重要なポイントのひとつとなります。

多肉植物との付き合い方

Lesson. 06
いざ、植え替えに挑戦！

お気に入りの多肉植物の苗を手に入れたら、好みの鉢への植え替えに挑戦してみましょう。

06-1 植え替えに用意するもの

◎ 鉢

細い根の種類は四方八方に根を張るので比較的浅い鉢でも大丈夫ですが、太い根の種類は、下へ下へと根を伸ばすので、ある適度深さのある鉢が必要です。また、植物用の器ではない鉢底穴のないものでも、水やりの量を少なめにすることで鉢として使えます。

◎ 土入れ

なくても問題ありませんが、あると便利です。小さいものが使いやすいです。

◎ ハサミ

根を整理したり、剪定するのに使います。園芸用の特別なものでなく、普通のハサミで基本的には問題ありません。

◎ 培養土

必ず新しいものを用意してください。使い古しの用土は養分がなくなり、老廃物がたまり、虫がついている可能性もあるので、基本的には使いません。また、土には様々なタイプがあり、どれが正解というものはありません。本書監修のサボテン＆多肉植物ストア・sol×solでは、赤玉小粒8、くん炭1、川砂1の配合がベースです。この配合は、底に穴がないタイプの鉢を利用するために、荒めの土を多めにして風通しを良くし、根腐れしないような配合になっています。また、肥料は土にあらかじめまぶしては使わず、鉢底に少量入れます。多肉植物に肥料はそれほど必要ではありません。また、最近は多肉植物用に配合された便利な培養土も販売されています。

◎ ごろ土

大きな鉢を使う際に、鉢の底に敷き詰め、用土の水はけを良くします。

06-2　植え替えは定期的に！

植え替えを行うのは、買ってきた苗を新しい鉢に移し替える時だけではありません。植え付けてから2～3年経つと根が鉢の中でいっぱいになってしまい、生長できません。大きな株なら2～3年に一度、小さな株なら1～2年に一度は植え替えをしましょう。株を大きくしたい時は、少し大きな鉢に、これ以上大きくしたくない時は同じ大きさの鉢に植え替えてください。

その際、白い新しい根を残し、茶色の古い根を取り除いて根の整理をしましょう。茶色の根はもう水を吸わないので、鉢の中で邪魔になるだけです。新しい根も、5cm以上の長すぎるものはカットしてください。

06-3　植え替えは「根の太さ」に合った方法で

植え替えの方法は、根の太いものと細いもので異なります。それぞれの種類の根の太さは、多肉植物図鑑の「根の太さ」の項目で確認してください。

◎ 細い根の多肉植物の植え替え方法
　［乾燥させてから植え付ける］

※ユーフォルビア属は細根ですが、植え替えは次頁で紹介する太根の方法で行ってください。

エケベリア属、セダム属など

❶ 1週間ほど断水する

1週間ほど水を切り、植物を乾燥させます。こうすることで、植え替えの際に、根が切れてしまっても、その傷口から菌が入って腐ったりすることを予防できるのです。また、鉢から植物を外しやすくもなります。

❷ 育苗ポットから外す

植物の根元をしっかり掴んで、鉢の縁をトントンとたたいてあげると簡単に土ごと外れます。なかなか外れない場合は、鉢底を見てみてください。鉢底穴から根っこが出ていることがよくあります。これを取り除いてあげると簡単に外れます。

次頁へ ➡

Lesson. 06

❸ 土を落とす

根をほぐすようにして、土を落とします。

❹ 伸びた根を切る

伸びた根を半分にカットします。

❺ 陰干しする

半日陰の場所で3〜4日ほど半日陰で干して、乾燥させます。

❻ 植え付けする

新しい鉢に培養土を入れて、植え付けます。古い土には虫がいる危険性がありますので、必ず新しい土を使ってください。大きめの鉢の場合は、培養土の下に鉢底石を入れて水はけが良くなるようにします。鉢の1/3の深さ程度に敷き詰めてください。

❼ 水やり

植え替え前に断水する理由と同じく、切れた根の傷口から菌が入って腐ったりしないように、植え付けてから3〜4日は水やりを控えて乾燥した状態をキープします。4〜5日後くらいから水やりを始めてください。

多肉植物との付き合い方

◎ 太い根の多肉植物の植え替え方法
[根を切らずに植え付ける]

ハオルシア属、ガステリア属など

❶ 育苗ポットから外す

1週間ほど断水しておき、鉢を軽くたたいて土ごと外します。

❷ 土を落とす

根をほぐすようにして、土を落とします。

❸ 古い根を取り除く

白色の新しい根を残して、茶色の古い根はつまんで取り除きます。

❹ 陰干しせずにそのまま植え付ける

太い根の多肉植物は、陰干しせずにそのまま植え付けをします。新しい鉢に培養土を入れて、根は切らずそのまま植え付けます。大きめの鉢の場合は、培養土の下に鉢底石を入れて水はけが良くなるようにします。

❺ すぐに水やり

植え付けたらすぐにたっぷりと水やりをします。

多肉植物との付き合い方

06-4 エケベリア属やコノフィツム属の植え替え方法
[傷んだ葉を処理してから植え替える]

エケベリア属やセダム属、アエオニウム属などは下葉が、コノフィツム属やリトープス属などは群生の中央部が、それぞれ傷むことがあります。

植え替えの際は、こうした傷んだ葉を取り除いて植え替えをしましょう。放っておくと、他の株まで傷んでしまいます。

◎ エケベリア属やセダム属、アエオニウム属などの植え替え方法

下葉から枯れてしおれてくる

❶ 下葉が枯れるのは病気ではありません。

エケベリア属やセダム属、アエオニウム属、アロエ属、ハオルシア属、ガステリア属などは、下の葉が枯れて上へ上へ伸びて生長します。下の葉が枯れているこの状態は病気ではありません。

❷ 下葉を取り除く

しかし、そのまま放っておくと湿度が高い季節は枯葉が腐って虫がわいたりと不衛生になります。鉢から株を取り出して、ピンセットで丁寧につまんで取り除いてから植え替えましょう。

◎コノフィツム属、リトープス属などの植え替え方法

中央部が枯れて
しおれている

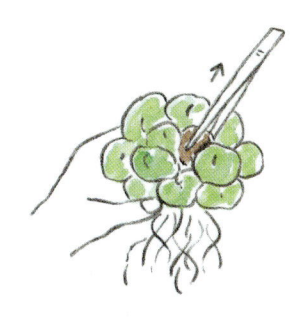

❶ 中央の枯れた部分を取り除く

コノフィツム属やリトープス属などは、何年も育てて群生が大きくなってくると中央部が枯れてくるので、植え替えの際に茶色く変色した部分をピンセットで取り除きます。
また、脱皮もするので、残っている皮も下1/3程度残して取り除きます。

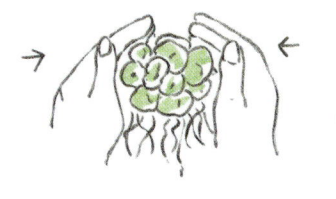

❷

余計な部分を取り除いたら、株全体を包むようにして中央に寄せて半日陰に置いて3〜4日乾かしてから植え替えましょう。

多肉植物との付き合い方

リトープス属の脱皮

リトープス属は秋になると古いからだの殻を突き破って脱皮し、複数の新しい個体を出すことで増えていきます。この時古いからだの抜け殻が新しい個体のまわりに残ります。脱皮してすぐはこの殻がまだ湿っており、この段階で取り除いてしまうと新しい個体を腐らせてしまう原因にもなりますので、抜け殻が完全に乾燥するのを待ってから、ピンセットで取り除いてください。

Lesson. 07
風変わりな多肉植物の「水やり」

少しほったらかし気味の感覚を身につけよう

多肉植物は、とても乾燥した地域で自生する植物。少しくらい水やりをさぼっても簡単には枯れませんが、水のやりすぎは株を傷める原因になります。水をやりすぎて悪いことなんてあるの？ なんて思うかもしれませんが、栽培失敗の大きな原因のひとつなので注意してください。コツはメリハリをつけてあげること。季節や種類によっては1ヶ月間ほとんど水やりをしないものもあります。
たくさんあげる時期でも10日に一度程度です。この感覚に慣れることが第一です。

07-1 生育季節ごとの水やり

多肉植物が水を蓄えて生育する季節は、原産地の雨期に当たる季節です。「日当たり」と同様、「水やり」も、「夏型」か「冬型」かにより方法が異なります。生育季節については、多肉植物図鑑の「生長期」を参考にしてください。

夏型

春〜秋にかけて生育しますので、4月くらいからたっぷりと水やりをします。梅雨時は、晴れの日が続いている時だけ、湿らせる程度に水やりをします。真夏は日中に水やりをすると水が熱湯になってしまうことがあるので、夕方〜夜にしましょう。冬は活動を弱めるので、月に1回程度の水やりで大丈夫です。多くの多肉植物がこの夏型です。

冬型

暑さが大の苦手なので、梅雨の時期から水やりを徐々に減らし、半日陰の風通しの良い場所に移動させましょう。夏は休眠してしまうので、月に1回程度、涼しい夕方〜夜に水やりをしてください。10月を過ぎたあたりからまた徐々に水やりを増やしていきます。ただし、厳寒期は生育が鈍るのでまた少し控えめにしてください。

休眠期

夏型の植物は、冬（12〜2月）が休眠期になります。この期間は、比較的暖かい日が続きそうなタイミングを見計らって、朝に通常の1/3程度の量の水やりをします。冬型の植物は、夏（4〜8月）が休眠期になります。この期間は、涼しい日が続きそうなタイミングを見計らって、夜に通常の1/3程度の量の水やりをします。詳しくは「多肉植物お手入れカレンダー」参照。→ p.82-85

07-2 底に穴のない鉢の水やり

底に穴のない鉢の水やりには、もうひと手間必要です。土がしっかり湿るくらいの水の量をあげたら、鉢を傾けて底にたまった余分な水を取り除いてください。こうしないと、鉢底に水がたまってしまい、根腐れの原因となってしまいます。

Lesson. 08
多肉植物を増やしてみよう！

手軽に増やすことができるのも多肉植物の魅力のひとつ。
増やし方には「葉挿し」「挿し芽」「株分け」の３つの方法があります。

08-1　葉挿しで増やす

葉の根元から丁寧にもぎ取った葉を、土の上に置く簡単な方法で、一番オススメです。注意が必要なのは、葉のもぎ取り方。葉の接続部分からもぎ取らないと、成長点がなく、新芽が出てきません。「葉挿し」という名前ですが、土に挿す必要はなく、置くだけで大丈夫。葉の根元から新芽が出てきて、新しい株を作ることができます。他の方法と比べて少し時間はかかりますが、たくさん増やせますし、植え替えや水やりの際に落ちてしまった葉も使えるので、とてもオススメです。ほとんどの多肉植物に向いていますが、コチドレン属やセネシオ属、セダム属の「乙女心」、エケベリア属の大型種などには向きません。

❶ 葉を置く

葉の根元を左右に揺らすようにして丁寧にもぎ取った葉を、土の上に置きます。葉の先を持って左右に動かし、葉の根元と茎の接続部分を離します。水は絶対にあげてはいけません。半日陰のあまり日光が当たりすぎない場所に置いて、しばらくじっと辛抱してください。

❷ 霧吹きで水やり

葉の根元から根が出て、1cmくらいに成長したら、霧吹きで湿らせる程度に水やりします。サッとジョウロのシャワーであげても大丈夫です。

❸ 鉢へ植え付け

元の葉がしおれ、新芽が２cmくらいに成長したら、ピンセットでつかみ、鉢に植え付けます。植え替えずに、元の葉を取り除き、空いたスペースに少し土を足してあげても大丈夫です。

多肉植物との付き合い方

Lesson. 08

08-2 挿し芽で増やす

芽を切り取って土に挿し、育てる方法です。こちらは置くだけでなく、ちゃんと用土に挿して育てますが、挿す前に4〜5日ほど日陰で乾燥させてから挿してください。セダム属やアエオニウム属で約10日間、クラッスラ属で15〜20日、セネシオ属、コチドレン属、エケベリア属などは20日〜1ヶ月で根が出てきます（ただし、秋に作業した場合は、アエオニウム属以外はさらに10日ほど長くかかります）。

徒長してしまった株を、間延びしてしまった茎の部分で切り取って挿し芽し、再生させることもできます。

❶ 茎を切る

元気な芽を茎からハサミで切ります。長さに決まりはありません。残された植物のバランスや、どんな状態の子供がほしいかで剪定してください。

❷ 乾燥させる

風通しの良い日陰で4〜5日ほど乾燥させます。挿しやすいように下葉を取り、茎を1cmほどあらわにしておきます。この時、横にして乾かしておくと、必ず植物がくの字に曲がってしまい、植える際にとても植えにくくなってしまいます。コップなどに入れて、成長点が上に向くようにして乾燥させてあげてください。もちろん、コップに水などは入れてはいけません。

❸ 用土に挿す

用土に挿して根が出るのを待ちます。挿した直後はしばらく水をあげてはいけません。根が出た頃に水やりを始めましょう。普通の植物ですと、植えたらすぐ水やりをするので、ついつい水をあげてしまいがちですので注意してください。

挿し芽直後の水やりはNG！

08-3 株分けで増やす

アロエ属、ハオルシア属など、根元から子株が独立して出てくる多肉植物を増やす方法。用土ごと鉢から外し、子株を外して植え付けます。挿し芽とは違い、根がすでに生えているので、乾燥させずにすぐに植え付け、5〜10日ほど断水してから水やりを始めます。

❶ 根をほぐす
株を鉢から外して、根の土を落としながらほぐします。うまく離れない場合はハサミを使います。

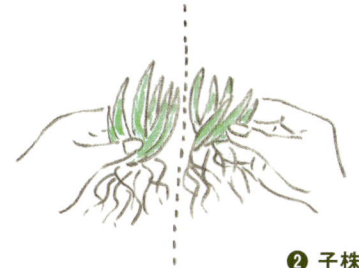

❷ 子株を外す
外側から根を傷つけないように丁寧に子株を外していきます。

❸ すぐ植え付ける
外した子株は、そのまま用土に植え付け、ここではすぐに水やりをしても大丈夫です。ただし、子株を外した際にできた接続部の跡の面積が広いことがあります。その場合は、すぐ水やりをしてしまうと腐ってしまうことがあるので、4〜5日水やりをせずに乾燥させてから水をあげたほうが安全です。

> 接続部が広い場合は4〜5日待ってから

多肉植物との付き合い方

多肉植物お手入れカレンダー

これまで、置き場所や植え替え、水やり、増やし方について説明してきました。
そうした一連の育てるための作業の流れを、
カレンダーにして具体的に見ていきましょう。
水やりの量に関しては、鉢の大きさによっても変わるため、
ここでは2寸鉢で鉢底穴がないもので育てていることを前提とします
(底穴があるものは水はけが良くなるので、少し回数を多めにあげても大丈夫です。
逆に、これよりも大きな鉢で大きな植物を育てる場合は、
植物自体が多くの水をためることができるので、回数を少なめにしてください)。
また、水滴が葉にたまると、レンズのようになり、葉焼けの原因となってしまいます。
特に夏場の水やりの際は、葉にたまった水を吹き飛ばしてあげてください。

夏型カレンダー

月		水やり	その他
3		15日に1回	・植え替えに適した時期 ・増やすのに適した時期
4		10日に1回	・植え替えに適した時期 ・増やすのに適した時期
5		10日に1回	
6	生長期	15日に1回	・梅雨時期は、徒長しやすいので、日当たりと風通しが良く、雨の当たらないところに置きます
7		15日に1回	・日差しが強くなるので、直射日光が当たる場所は日焼けに注意。日差しが強すぎる場合は、ひさしなどを作り遮光します ・水滴が葉にたまると、レンズのようになり、葉焼けの原因ともなるので、葉にたまった水を吹き飛ばしてあげます

ベンケイソウ科の多肉植物

熊童子
福娘
コチレドン属 → p.17

神刀
クラッスラ属 → p.20

etc......

月		水やり	その他
8	↑	20〜30日に1回	
9		涼しくなってきたら10日に1回	・ベンケイソウ科などの寒さに強いものは、植え替えも可
10	生長期	10日に1回	・ベンケイソウ科などの寒さに強いものは、植え替えも可 ・紅葉が楽しめる季節なので、たくさん日光に当てます ・寒さに弱い種類は冬支度を。室内や軒下に移動します
11	↓	10日に1回	
12		15日に1回	
1	休眠期	20日に1回	
2	↓	20日に1回	

多肉植物との付き合い方

ベンケイソウ科の多肉植物

ベンケイソウ科は多肉の超メジャーなので、図鑑の中にももりだくさん出てきています。アエオニウム属やカランコエ属、セダム属、クラッスラ属、エケベリア属、パキフィツム属などがそうです。
種類で言いますと、キオエニウム、乙女心、熊童子、猫の爪、兎耳、神刀、福娘……などなどベンケイソウ科は盛りだくさんです。

多肉植物との付き合い方

月		水やり	その他
9	生長期	15日に1回	・植え替えに適した時期
10		15日に1回	・植え替えに適した時期
11		15日に1回	・冬型植物の開花時期
12		15日に1回	・冬型植物の開花時期
1		15日に1回	
2		15日に1回	
3		30日に1回	

冬型カレンダー

冬型の多肉植物

アナカンプセロス属 →p.14 　　コノフィツム属 →p.16 　　フェネストラリア属 →p.29

月		水やり	その他
4	↑生長期↓	30日に1回	
5		30日に1回	
6	↑休眠期↓	・休眠期に入るので、水やりはせず断水。シワが寄ってきたりした場合のみ、涼しい夜に、サッと土の表面を湿らす程度に水やり	
7		・休眠期に入るので、水やりはせず断水。シワが寄ってきたりした場合のみ、涼しい夜に、サッと土の表面を湿らす程度に水やり	・夏の湿気にとても弱いので、必ず風通しの良いところに置きます。締め切った室内などは厳禁
8		・休眠期に入るので、水やりはせず断水。シワが寄ってきたりした場合のみ、涼しい夜に、サッと土の表面を湿らす程度に水やり	・夏の湿気にとても弱いので、必ず風通しの良いところに置きます。締め切った室内などは厳禁

置き場所のポイントはp.66をチェック！

多肉植物との付き合い方

クラッスラ属 → p.18（※夏型種もあります）　　　リトープス属 → p.42　　　etc……

多肉の雑学コラム

#4 多肉植物を食べてみよう！

　多肉植物は観賞としてだけではなく、世界中で食料としても利用されています。その歴史は古く、紀元前からサボテンを食用としていた記録も。メキシコでは、マーケットに野菜として並んでいます。

　また、フランス料理でも多肉植物は欠かせない食材として使われています。そのひとつが「アイスプラント」。その名の通り、葉や茎に雪のようにキラキラ光る水滴のような細胞をまとった不思議な植物です。アイスプラントは、地中のミネラルを吸い上げる吸塩植物で、その塩分が表面のキラキラ光る細胞に蓄積されます。おいしいだけでなく、塩害地域で栽培するとグングンミネラルを吸い上げて、土地の浄化までしてくれるという、頼もしい万能植物として注目されています。

　ウチワサボテンやアイスプラントは、日本ではあまりなじみのない食材だったのですが、最近は国内でも食用として栽培する農家の方も増えており、徐々に身近になってきています。そこで、国産の多肉植物を使ったオススメ料理を2品ご紹介します。

一品目　ウチワサボテンのトマトスープ

材料（2人分）
ウチワサボテンの新芽 2〜3枚／バター 50g／ニンニク 1片／玉ねぎ 1/2個／ベーコン 5枚／トマトの缶詰 1缶／ガーリックチップ 少々／コンソメスープ 500ml／酒 少々／ローレル 1枚／塩 少々／こしょう 少々／砂糖 少々／生クリーム 50ml／トルティーヤチップス

作り方
1) フライパンにバターを熱し、みじん切りにした玉ねぎとニンニクを炒めます。
2) ウチワサボテンを角切りに、ベーコンを細切りにして、1に加え炒めます。
3) トマトの水煮と酒を加えて軽く煮込みます。
4) コンソメスープ、ローレルを加え20分煮込みます。
5) 塩、こしょう、砂糖、生クリームを加え、さらに10分煮込み、できあがり。

刺座には細かい刺が残っているので、包丁でとってから調理します。

日本一のサボテン出荷を誇る愛知県春日井市。5〜11月の間は食用のサボテンの販売も行われています。
後藤サボテン
www.sabo.co.jp

二品目　アイスプラントのカルパッチョ

材料
アイスプラント 8枚／茹でタコ 100g／白身魚の切り身 100g／プチトマト 3個／オリーブオイルやお好みのドレッシング

作り方
1) タコと白身魚を薄く切り、アイスプラントとともに盛りつけます。
2) お皿に盛りつけたら、お好みのドレッシングをかけてできあがり。

ミネラルがたっぷりと含まれた透明の細胞がびっしり。ほおばると口の中でプチプチとはじけ、ほんのりと塩味が。

佐賀県では、アイスプラントの従来種をさらに改良し、一層やわらかく、苦味を抑えた食用種「プッチーナ」の栽培が盛ん。ハウス栽培により一年を通して販売されています。
アグリ
www.agri-co.jp/puttina

調理…清 絢

ウチワサボテンの
トマトスープ

ウチワサボテンの新芽を使ったトマトスープ。煮込んだ新芽はとてもやわらかく、ふっくらした食感に。ほんの少し酸味があるピーマンのような味で、まったくクセがなく美味しく食べられます。

アイスプラントの
カルパッチョ

アイスプラントのプチプチした触感と魚介のモチモチ触感のコンビネーションが絶妙。
アイスプラント自体がうっすらと塩味がするため、そのまま生野菜としてもおいしくいただけます。

多肉の雑学コラム 4

多肉の雑学コラム

#5 多肉植物で屋上緑化

上）ミドリレンゲを用いた屋上緑化（開花中の3月に撮影）。「梅雨明けの高温多湿でも傷みにくいミドリレンゲやキリンソウは、日本の風土に適しているんです」と湯浅教授
下左）(財)進化生物学研究所のバイオリウムではサボテン類の他にもアフリカ、マダガスカル原産の多肉植物が見られる
下右）施設の一角では多肉植物の温度効果、適性種や生育条件等の研究が続けられている。写真は穴を開けたペットボトルを用いた壁面緑化。上から順に雨水が浸透するしくみ

大学の屋上へと続く扉を開けると、そこには丸みを帯びた一面の「セダム畑」が広がっていた。

熱い国から来た植物が、日本の熱帯夜を和らげるのにひと役かっている。

発端は、屋上階下の教室が暑いと、都会のヒートアイランド現象への安くて安全な対策の依頼が、湯浅浩史東京農業大学農学部教授の元へ持ち込まれた2002年のこと。太陽の日射熱を受けた人工のアスファルトやコンクリートの表面は、自然の緑地や水面に比べて格段に温度が高く、真夏の屋上ではなんと60℃以上にもなる。たっぷり熱を吸収し、夜間にじわじわ放熱するため、暑さで眠れないのは当然。東京23区だけでも、その面積はおよそ2,000ヘクタール。緑地を簡単に増やすことのできない都市部では、屋上をはじめとする既存スペースに植物を植えることが注目され、ゴーヤが壁面にぶら下がったり、ビルのてっぺんに草木を目にすることが珍しくなくなってきた。

「いやいやしかし、あまり知られていないのが、土と水の問題です」と湯浅教授は言う。植物が育つには、当然ながら土と水が必要。しかし、1990年代以前の建物には構造上の荷重制限があり、多くは耐震性を考えると1㎡あたり60㎏の荷重が最大。つまり、6㎝の土しか積むことができない。それでは保水が難しい。

となると、屋上緑化に適した植物とは…

条件1：小指ほどの深さの土でも十分に育つ。
条件2：水やりをせず雨水で済む
　　　　（耐乾性がある）。
条件3：夜の気温を下げるのに役立つ
　　　　（夜、蒸散する）。
条件4：真夏の高温にも耐えられる。

これら難題への解答に多肉植物は最適だった。

「芝が屋上緑化策の候補として注目された時代もありましたが、芝生は十分な灌水（水やり）が大前提。水不足が深刻な真夏に、大量の灌水は非現実的ですよね」。芝の蒸散が昼間なのに、多肉植物のセダム類は夜間に気孔を開いて行うことから、熱帯夜の寝苦しさにも有効という。

「植えっぱなしで、手がかからない。高温でも枯れずにある程度の繁殖性がある。非常に優秀です」

もちろん、屋上は雨も降れば風も吹く。

「万が一、強風でサボテンのトゲが四方八方に飛んで頭上から降ってくる、なんてなったら大変。選定にも慎重になりました」

一万種ともいわれる多肉植物だが、湯浅教授が最も推奨しているのが、世界で約500種にものぼるセダム属。その中でも最適なのは？

「ミドリレンゲやキリンソウ。あとは、ツルナ科ベルゲランタス属のテルナミ、グラプトペタルム属のおぼろ月やブロンズ姫もおすすめです」

エケベリア属は壁面にも適しているそう。研究室では壁面緑化に適した種類や生育状況などについて、今も日々研究が続けられている。

屋根の上で多肉植物の広がる風景は、少しシュールで可愛らしくも、非常に意義のある取り組み。生育に慣れてきたら、挑戦してみてはいかがでしょうか。

多肉のふるさとを体感できる、バイオリウムに行こう。

東京農業大学"食と農"の博物館に隣接する（財）進化生物学研究所付属の展示温室で、熱帯地方を中心とした珍しい動植物が飼育・栽培されている。『星の王子さま』にも登場するバオバブの木が繁り、絶滅危惧種・希少種の原猿が時折大きな叫び声を上げる。「バイオ（BIO）＝生き物」「リウム（RIUM）＝空間」の名の通り、「動物園」や「植物園」ではくくれないきもの空間。サボテンの原点といわれる葉を持つモクキリンから月下美人まで、サボテン進化の過程を眺め、多肉植物が育つ環境をリアルに体験できる。

東京農業大学「食と農」の博物館と『バイオリウム』
入館無料、開館時間：4-11月は10-17時、12-3月は-16時半（入館は各30分前迄）。月曜休、臨時休館あり。
東京都世田谷区上用賀2-4-28　tel. 03-5477-4033

Q&A 多肉植物悩み相談室

多肉植物の専門ショップsol×solに寄せられた、
多肉植物に関する様々な悩みや疑問をズバリ解決。
あなたと同じ悩み事を抱えた人も、きっとこの中にいるはずです。

Q-1
茎が細く、
ヒョロヒョロした感じで
伸びてきてしまいました。
病気ですか?

A-1

日光不足です。

　光がない場所で育つと、どんな植物も、もやしのようになってしまいます。これを「徒長」といいます。
　そうなってしまった部分を再び太らせることはできません。思いきって、下から4㎝ぐらいを残して切ってしまいましょう。すると、その部分から新芽が出てきますので、それを育てていきます。
　ただし、同じ場所で育てても、また同じようにもやしのようになってしまうので、以前よりも日の当たる場所で育てるか、少なくとも週に一度、外で日光浴をさせてあげてください。
　その際、急に強い光に当ててしまうと、葉の表面が日焼けしてしまい、かさぶたのような状態になってしまいます。残念ながらその傷の部分は再生できません。まずは曇りの日から窓辺に置いてあげましょう。日に慣れてきたら直射日光に当てても大丈夫です。
　また、日が不足する室内で育てる場合は、水やりの量を極力減らしてあげることで日光不足による徒長を比較的防ぐことができます。目安としては、葉に水気がなくなりやせてきたら、水を与えてあげるようにしてください。

ヒョロヒョロ

形がくずれている

まばら

Q-2
日光不足で
ひょろひょろのまま育てたら、
どうなりますか？
ひょろひょろなりに
生長を続けるのでしょうか？

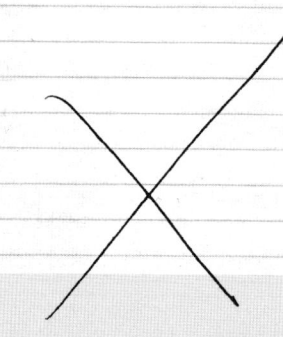

徒長して最後は枯れてしまいます。

ずっと日の当たらない場所で育てると、徒長してもやしのような姿になってしまい、最後には枯れてしまいます。

A-2

Q-3
日当たりの良い場所が
あまり確保できません。
多肉植物の栽培を
あきらめるしかないですか？

Rhipsalis

Gasteria

A-3
あまり強い光を好まない種類を選びましょう。

ハオルシア属や、リプサリス属、ガステリア属などのあまり強い光を好まない種類を選びましょう。
　どうしても光を好む植物を育てたい場合には、光の当たる場所に一定期間置き、光の当たらない場所に持ってきて、しばらくしたらまた光の当たる場所へと戻す、というローテーションをすると良いでしょう。

Haworthia

Q-4
エアコンや扇風機などは、
多肉植物に良くないですか？

A-4
直接風を当てないように
注意すれば問題ありません。

常に直風が当たっていると植物がストレスを感じてしまいます。しかし、エアコンが効いて涼しい部屋や、扇風機がかかっていて空気が動いている状態は、夏場の蒸れを防ぐことができますので、植物は喜びます。

no problem!

Q-5
庭やベランダのない、
オフィスのような場所でも
育てられますか？

オフィスの環境によります。

庭やベランダでなくとも、日光が確保できる場所であれば問題なく育ちます。日当たりの良くないオフィスですと難しいので、ローテーションや、日当たりが悪くても育つ種類を選んで育ててみてください。

A-5

多肉植物 悩み相談室

Q-6
蛍光灯の光でも、
たくさん光が当たっていれば
育ちますか？

A-6
育ちません。

蛍光灯の光では育ちません。蛍光灯が当たっていると温度が保たれるので、冬場にはそういった意味での効果はありますが、蛍光灯の光のみでは育てることができません。

Q-7
水をあげたはずなのに
シワシワが戻りません。
もう治らないのでしょうか?

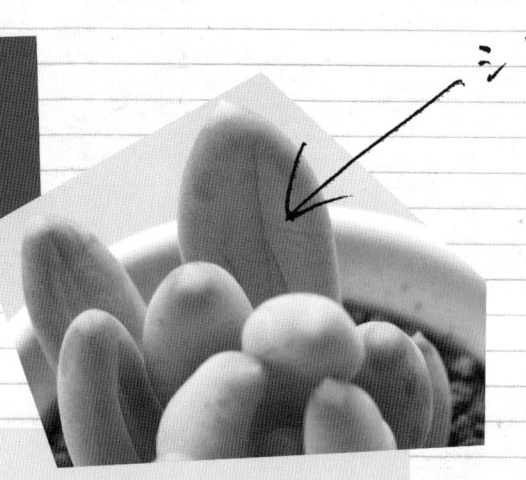

シワ →

A-7
植え替えしてあげましょう。

水やりでシワが戻らないとなると、根の状態が良くないことが疑われます。鉢が根でいっぱいになって根詰まりしていることも考えられますので植え替えをしてみてください。

Q-8
植え替えのタイミングが
よくわからないんですが?

A-8
基本的には
2〜3年に一度です。

鉢の大きさや植物の大きさなどによって違いますが、基本的には2〜3年に一度は、鉢の中の土を清潔に保つためや、植物の根を整理してあげるために植え替えすることをお勧めします。細根のものは毎年植え替えても大丈夫です。

多肉植物 悩み相談室

Q-9
冬になったら枯れてしまいますか?

A-9
環境さえ整っていれば枯れることはありません。

冬は室内に入れてあげればほとんどの種類は枯れることはありません。霜に当たる前に室内に入れます。水やりも控えてかなり乾きめにすると良いでしょう。大きな株であれば、室内に入れた初日に水をあげたら、再び外に出すまではまったくあげなくて大丈夫です。株が小さいと、体内に蓄えておける水分量が少ないので、その分、多く補給してあげないと枯れてしまいます。枯れない程度に通常の1/3の量程度の水やりをする必要がありますが、最小限にしてください。

no problem!

Q-10
長年育ててきた多肉植物の茎が茶色くなってきてしまいました。寿命で腐ってしまったのでしょうか?

A-10
「木質化」しただけで腐ってはいません。

ユーフォルビア属などのように、株が古くなってくると、茎が木の肌のように茶色くなる種類があります。これを「木質化」といいます。上へと伸びていく種類に多く見られますが、成長して上へと伸びた植物を支えるためにしっかりとした茎になった状態です。表面が茶色く変色してその部分が木のように硬くしっかりした状態になります。成長の証なので、特に心配することはありません。

← 茶色く変色

Q-11
葉の根元から細く白い根っこのようなものが出てきました。これは何ですか？

A-11

「気根」という植物のからだを支える根です。

　葉の根っこから出ている白い正体は『気根』というものです。植物のからだを支えるためのものですので、特に心配する必要はありません。ただ見た目にあまり好ましくないということであれば、取り除いてしまっても、植物に害はありません。空気中の湿度が高く、鉢の中の湿度が低い状況になると気根が出やすくなります。空気中の水分を求めて出すことが5〜6月頃によくあります。取り除いたら、少し水をあげると、気根も出なくなります。

　また、鉢の中の根がいっぱいになってしまっているために根を伸ばすスペースがなく鉢外に出ている状態になっていることもあります。この場合は植え替えをしてあげるか、切り戻しをしてあげます。

気根

多肉植物 悩み相談室

Q-12

葉が虫に食われたようになり、そこが広がり枯れて折れてしまうのですが、何が原因でしょうか？

SOS!!

A-12

イモ虫系の害虫、
夜盗虫（よとうむし）です。

多肉植物にもいくつか害虫がおり、一見虫の姿は見えなくても、葉の裏を覗くと小さな白い虫がいたりします。この夜盗虫は夜行性で昼間は根元などに隠れており、発見するのはとても難しいです。夜になると葉を食べに出てくるので、そこで捕獲しましょう。また、定期的に虫を寄せ付けない様にお酢を薄めてスプレーしてあげると肥料の代わりにもなり便利です。ただし、粉吹きする種類はスプレーをすると粉がとれて汚れてしまうので向いていません。

vinegar

多肉植物 悩み相談室

Q-13

白い綿のようなものが
多肉植物についています。
これは何ですか?

A-13

ワタムシという
害虫の可能性があります。

綿ぼこりでなければ、害虫の可能性があります。ワタムシと呼ばれている、体長1mm程度のアブラムシのような虫です。そのままにしておくと、養分を吸われて植物が枯れてしまいます。排泄物で葉がネトネトとしたり、葉が変形したりしますので、そういった症状が出てきたら、葉の裏などをチェックしてください。見つけたら殺虫剤などを使って駆除するか、こまめに見て楊子などの棒で1匹1匹駆除してあげましょう。

Q-14

植物の表面に白い粉状のものが
出てきました。もしかして、
カビが生えてしまったのでしょうか?

A-14

カビではなく
「粉吹き」という
日当たりが
十分である証しです。

エケベリア属、コチドレン属、ダドレア属など、強い日光を遮光するために葉の表面に白い粉を出す種類があります。粉吹きする種類はもともと強い光の環境下で育つ種類ですので、よく日に当ててあげるときれいに育ちます。粉吹きは、しっかり日光が当たっている証拠なので、何も心配する必要はありません。

多肉植物 悩み相談室

茶色のシミ

green-necklace

Q-15

グリーンネックレスを買ったのですが、
色が茶色くなってしまい、
触ると「プチッ」とつぶれてしまいます。
まだ健康なところもあるのですが、
どうすれば元気になるでしょうか？

A-15

少しずつ日光に
当ててあげてください。

急に強い光に当てたことが原因の葉焼けです。グリーンネックレスは日光が大好きな種類ですが、突然強い光にさらすと葉焼けを起こすことがあります。梅雨時期など室内で管理していた場合は徐々に光に当てて慣らしながら外に出してあげましょう。逆に日照が少なすぎると徒長してボールの間が間延びした感じになります。多肉植物の中では水が好きな種類ですが、やはり多湿に弱いので土が乾いたらあげる程度にしてください。また、触ると「プチッ」とつぶれてしまうということは、もしかしたら葉焼けではなく、根腐れして葉が枯れている状態かもしれません。その場合は、水を控えて枯れた葉を取り除き、日光に当ててあげて様子を見てください。新しい葉が出てきて再生します。

多肉植物 悩み相談室

Q-16

エケベリアを日当たりの良いリビングに置いて
多肉植物を育てているのですが、
最近、葉が開いてしまい、色も薄くなってきました。
購入時とは雰囲気がだいぶ変わってしまい、
心配しています。大丈夫でしょうか?

A-16

少しずつ日光に当ててあげてください.

エケベリア属は日光を好む植物です。光が不足すると日の当たる面積を増やそうとして葉が開いた状態になります。また、色素が抜けたのも日光不足が原因です。急に強い光に当てすぎないように注意して、少しずつ日の当たる場所へ移動してあげてください。

Echeveria

paper

Q-17

葉挿しで土の上に葉を置き、
根が出るのを待つ間は、
日なたに置いても大丈夫ですか?

A-17

半日陰が理想です.

あまり強光ですと葉の中の水分が奪われやすく、新しい子供に託す水分が失われてしまいますので、半日陰に置いてあげてください。もし、置き場所の日当たりが良すぎる場合は、子供が出るまで新聞などをかけてあげて遮光するといいでしょう。

多肉植物 悩み相談室

Q-18

葉挿しや挿し芽で
増やすために切った葉や芽が、
植え付けできるようにきちんと
乾燥したかどうか判断する
基準はありますか？

切り口にかさぶたのような
膜ができたら
乾いたサインです。

　　　切り口が水分を含んだみずみずしい状態だと、まだ乾いてないです。断面が広い場合は乾くまでに時間がかかりますので、しっかり乾かしてあげましょう。断面にかさぶたのような膜ができたら、それが乾いたサインです。

A-18

多肉植物　悩み相談室

Q-19

寄せ植えする際に、
植物同士の相性の良い悪いなどは
ありますか？

no problem!

A-19

どんな種類同士も
　　寄せ植えできます。

　　　基本的には水のあげ方や置き場所次第でどんな種類同士でも寄せ植え可能です。ただし、夏型と冬型を一緒に寄せ植えすると管理が難しくなってしまう、などの弊害はあります。しかし、これも手入れ次第で問題なくできますので、不可能というわけではありません。

Q-20

きれいな仕立て直しの
コツはありますか？

生長を予測して
　　　剪定することです。

植物が上へ伸びていく種類なのか、横に伸びていく種類なのか、成長を予測して剪定してあげると上手に仕上がります。剪定した後の新しい芽がどう成長するか？ そこを考えてあげると自然と切る場所が見えてきます。

A-20

Q-21

小さな鉢で買った多肉植物ですが、
5年も経つと大きく成長し
伸び放題になってしまいました。
もう少し大きな鉢に
植え替えることを考えていますが、
あまり全体を大きくしたくもありません。
大きくしすぎずに形を整えるには
どのようにしたらいいでしょうか？

A-21

好みのサイズに
　　　剪定して大丈夫です。

鉢からはみ出している部分をすべて剪定し、別の鉢に挿し木してあげてください。挿し木は秋になってからのほうが簡単なので、秋を待って行うと良いでしょう。また、大きくなった元株の鉢の中は根でいっぱいになってしまっているので、植え替えをして下さい。ただし、大きな鉢へとどんどん植え替えておりますとどんどん大きく成長してしまい、可愛らしさが減ってしまいます。小さくコンパクトに楽しみたい方は、なるべく植え替えを控え（5年ぐらいが限界です）、剪定していただき、コンパクトにまとめるよう心がけてください。多肉植物は生命力が強くどんどん増やすことができますので、切った部分を別の鉢に挿し木をしてアレンジを楽しんだり、お友達へプレゼントしてみたり、楽しみ方を広げてみてください。

多肉植物　悩み相談室

Q-22

水苔はどんな時に使うものなのですか？
水苔に植え替えた場合、
水やりは、土に植え替えた時と
同様な管理で良いのでしょうか？

A-22

小さな器に植える際、
根を安定させる時に使います。

水苔の使い方は植物によって様々ですが、多肉植物の場合は、小さな器に植える際、乾燥した水苔を使うことで根を安定させるために使うことが多いです。水やりについては、基本的には通常と同じで問題ありませんが、常に湿らせた状態はいけません。土だけの場合と同様、根腐れの危険があります。逆に苔がカラカラの状態になってしまうことは何の問題もありません。水やりの頻度は保水力の関係で、土より若干多めにしたほうが良いでしょう。水を欲している時は葉がしなっとしてきますので、植物の様子を観察しながら与えてください。

Q-23

植物を枯らせてしまう名人です。
今度こそは、枯らさずに多肉植物を
育てたいと思っています。
そこで、丈夫さだけに着目すると、
どの種類が一番丈夫ですか？
ズバリ、多肉植物の丈夫な種類を
教えてください。

Haworthia

A-23

ハオルシア属が
総合的に最もタフです。

ハオルシア属は、寒さや熱さにも強く、日当たりや水も少なくて育つため、多肉植物の中で最も育てやすい種類です。

Q-24

家に「観葉植物用の土」や
「野菜用の土」が余っています。
もちろん「多肉植物用の土」を使うのが
一番良いのだとは思いますが、
観葉植物用や野菜用の土で育てても
特段問題はないのでしょうか?

A-24

観葉植物用は大丈夫なことが多いです。

観葉植物用は、成分が似ているのでだいたい大丈夫な場合が多いです。野菜用は腐葉土など目が細かすぎる土が入っていたり、養分が多すぎるため向いていません。

Q-25

サボテンと多肉植物は何が違うのですか?

A-25

サボテンも多肉植物のひとつです。

サボテン科は多肉植物の中のひとつです。サボテン科は種類がとても多く、園芸的には多肉植物と区別して扱われることもあるため、サボテンが多肉植物とは別物のように見えてしまうことがあるようです。

多肉植物 悩み相談室

多肉の雑学コラム

#6 日本のサボテンはじめて物語

　日本に初めてサボテンが渡ってきたのは江戸初期。オランダから渡ってきたといわれています。もともとは観賞用としてではなく、「サボテンから出る粘液が、手の油汚れをきれいに落としてくれる」という触れ込みで渡ってきたもの。その名の由来には諸説ありますが、ポルトガル語の石鹸を意味する「シャボン」と「手」が合わさり「シャボンテ」となり、これがなまって「サボテン」となった、または「シャボン体」がなまって「サボテン」となったという2つの説が有力です。つまり「サボテン」という呼び名は、日本で独自に生まれた"日本語"だったのです。ちなみに「サボテン」という呼び方が定着したのは戦後のことで、それまでは「シャボテン」というのが一般的でした。この呼び名は静岡県の「伊豆シャボテン公園」などに残っています。

　サボテンが日本に渡ってきた当時は、ウチワサボテンが一般的だったようで、その姿を仙人の掌に見立てて「仙人掌」という漢字が当てられました。また「覇王樹」という漢字が当てられることもあります。

仙人掌

覇王樹

Sabon + 手

#7 日本に自生する多肉植物

　日本にもともと自生していたサボテンはありませんが、多肉植物は古くから日本にも自生しています。「ミセバヤ」や「マンネングサ」などがそうです。これらの植物は石垣の間や、舗装路の隙間からでもたくましく育っており、身近すぎて注意して見たことがなかったという人が多いのではないでしょうか。こうした日本自生の多肉植物は、日本の風土に適応しているので、とにかく丈夫。水はけの良い土で鉢植えすれば、雨ざらしにしても大丈夫ですし、一日中強い直射日光に当てても問題ありません。真冬に雪が降っても平気です。葉や花が小さく、アメリカやアフリカからやってきた多肉植物と比べるとやや地味な印象ですが、きちんと手入れしてあげると、素朴で趣のある和風な一鉢に変身しますよ。

マルバマンネングサ

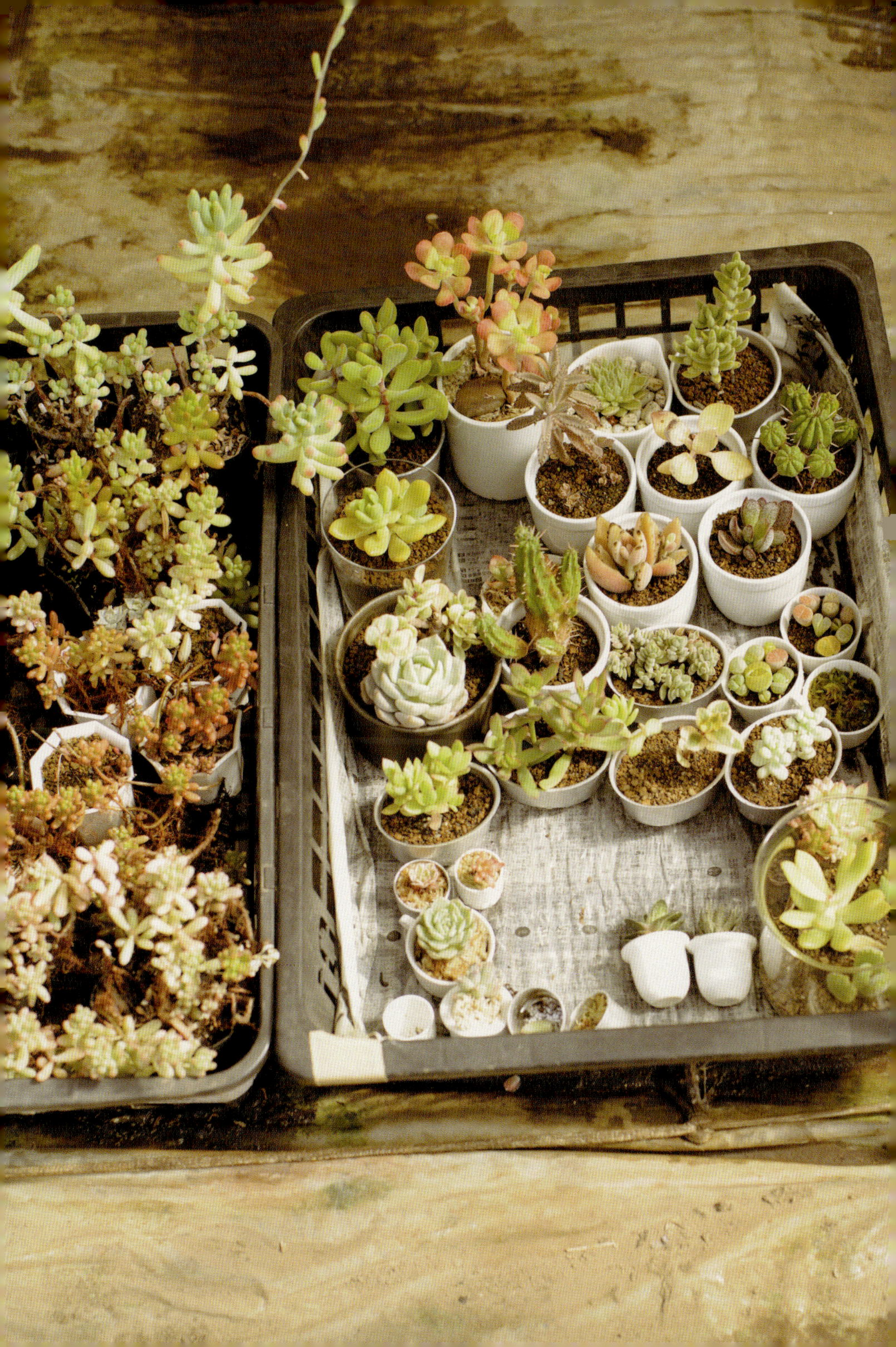

// arrangement: step 1 //

多肉植物寄せ植えワークショップ

オブジェのような様々な形状をした多肉植物を使って、寄せ植えに挑戦！
特徴的なフォルムの多肉植物をアレコレ組み合わせて、
お気に入りの鉢や器にアレンジしてみましょう。
インテリアとして、ついつい眺めてしまうお気に入りの一鉢ができるはずです。

初級　形が似た多肉植物を集めた小さな寄せ植え

形の似た植物はレイアウトしやすく、
小さくまとめることで手軽にかわいらしい寄せ植えが楽しめます。

用意するもの
ピンセット、スコップ、土を入れられる容器
水苔、ごろ土

❶
まずは寄せ植えしたい器を決め、その器に合うサイズの多肉植物の苗を選びます。

❷
器の1/3程度の深さまでごろ土を入れます。
ごろ土→p.72

③

苗の根をほぐして土を落として、植え込みの下準備します。

④

器の中に苗を置きながら、レイアウトを考えます。

⑤

最初に大きめの苗から配置し、隙間を小さなもので埋めていくようにします。

⑥

小さな隙間にはピンセットを使って苗を植え込んでいきます。

⑦

配置した苗の隙間に多肉植物用の土を入れていきます。

next page

多肉植物寄せ植えワークショップ

⑧ 苗を手で押さえながら、鉢底を机にトントンと当てて、苗の隙間の隅々にまで土をなじませます。

⑨ 湿らせた水苔で表面を覆い、苗をしっかりと固定したら完成です。

水苔→p.102

memo

多肉植物の「生長した姿」を予測しよう。

小さな株の状態からは思いも寄らぬ形に様々な形状へ生長するものがあります。寄せ植えする際、どのように生長するかを予測しながらレイアウトすることは大事なポイントのひとつ。そこで、ここでは主な多肉植物の生長タイプを紹介します。

◎ **平面群生タイプ**（パキフィツム属、カランコエ属など）
　地面から小さな子株を次々と出し、横に広がりながら平面的に群生するタイプです。

◎ **木立ち群生タイプ**（セダム属など）
　地面から小さな子株を次々と出し、横に広がりつつ、それぞれの子株が上にも伸びて群生するタイプです。

◎ **ぶら下がり群生タイプ**（セダム属、セネシオ属など）
　地面から小さな子株を次々と出し、横に広がりつつ、茎を横に伸ばして鉢の外にぶら下がっていくタイプです。

◎ **縦生長タイプ**（アエオニウム属など）
　子株をほとんど出さず、個体自体が上の方向へ伸び、わき芽を出していくタイプです。

◎ **枝分かれタイプ**（クラッスラ属など）
　子株をほとんど出さず、個体自体が上の方向へ伸び、生長するにしたがって枝分かれしていくタイプです。

◎ **横生長タイプ**（エケベリア属など）
　子株をあまり出さず、特に上に高く伸びるでもなく、個体自体が全体的にしっかりと大きくなっていくタイプです。

丸鉢とティーカップを使った寄せ植えアレンジ
丸くきれいなロゼットを作るエケベリアを、同じく円形の鉢の中に大小のアクセントをつけて配した花束のような寄せ植え

// arrangement: step 2 //

上級　様々な形をした多肉植物を集めた大きな寄せ植え

背丈や身幅の異なる植物の寄せ植えは、
立体的にレイアウトを考えながら完成形をイメージしましょう。

① まずは寄せ植えしたい器を決め、サイズの合う多肉植物の苗を選びます。

② 大きさの大小や、葉の色のコントラストを楽しみながら、思い思いのレイアウトを考えてください。形に動きのある種類を少し入れるとアクセントになり、バランスが良くなります。

③ 器の1/3程度の深さまでごろ土を入れます。

④ 苗の根をほぐして土を落として、植え込みの下準備をします。

memo

隣り合う植物の決め方

初級編で紹介した「植物の生長した姿」を想像しながら、隣り合う植物を決めていきます。葉が重なり合って大きな日陰ができないように組み合わせましょう。背の高くなる植物の横はどうしても日陰になるので、太陽光が少ない場所でも育つ種類を置きます。また、植物の間隔は、少し間を空け気味に植えていくのが基本です。

❺

大きな寄せ植えの場合は鉢が広いため、苗をすべて置いてからレイアウトを固めようとすると、苗が自立できずバタバタと倒れてしまいます。端から軽く土を入れて苗を植え込みながらレイアウトを調整していきましょう。

❻

隙間に小さな苗を植え込んでいきます。小さな隙間にはピンセットを使うと植えやすいです。ただし、あまり密着させすぎず、生長の余地を考えながら植えてください。

❼

植え込みが終わったら、表面が平らになるように土を追加し、鉢をトントンとして土を馴染ませます。

❽

大きな寄せ植えの完成です！

多肉植物寄せ植えワークショップ

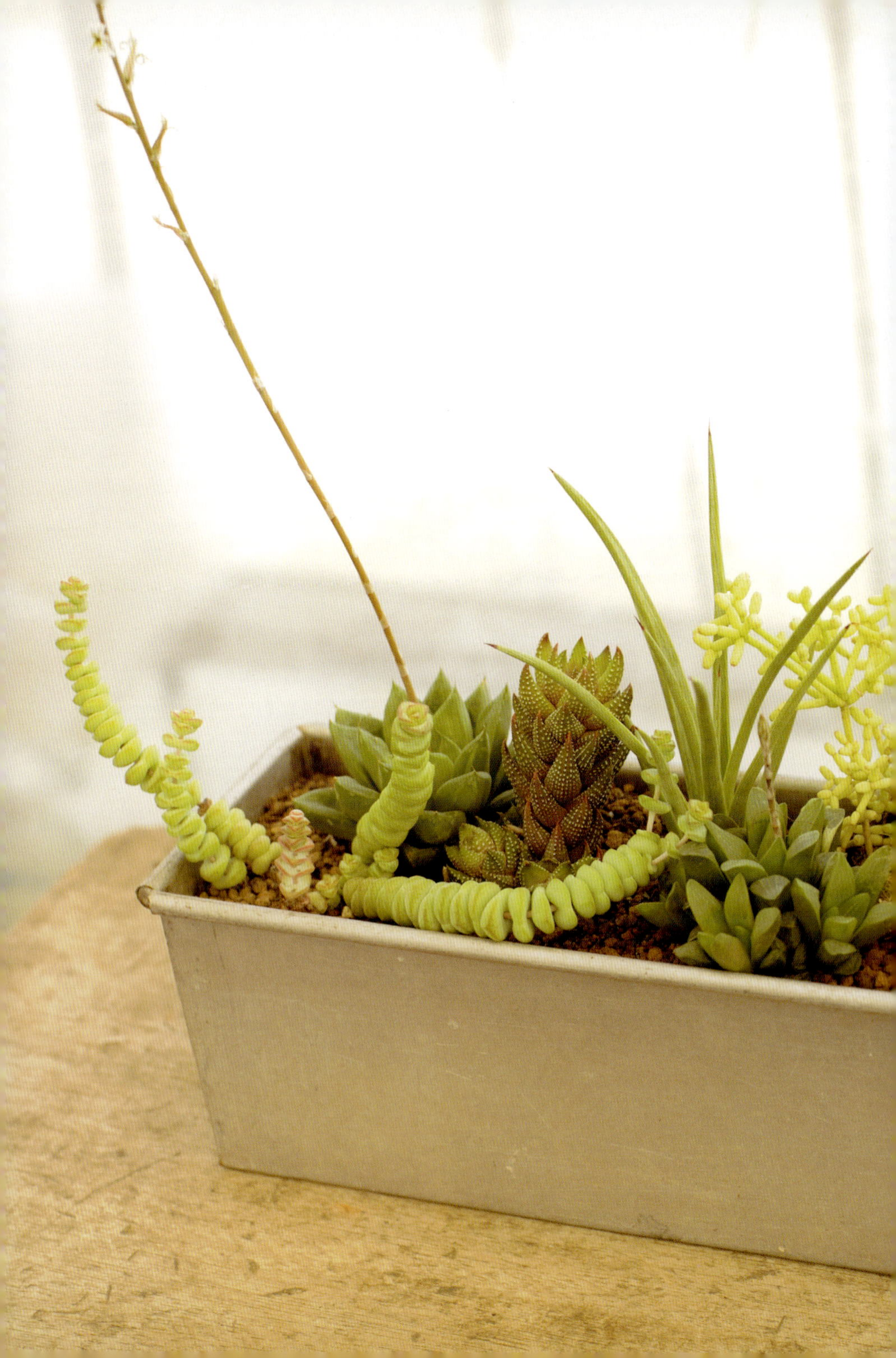

**ケーキの焼き型を使った
寄せ植えアレンジ**
横長のケーキ型に、縦に伸びる植物、横に伸びる植物をうまく組み合わせ、ワイドで動きのある構成に

多肉植物寄せ植えワークショップ

// arrangement: step 3 //

仕立て直し 寄せ植えを美しく保つ方法

きれいに植えた寄せ植えも、放っておくと伸び放題になってしまいます。
だらしなく伸びてきてしまったら、仕立て直しの手入れをしましょう。
うれしいことにカットした苗でもうひとつ別の寄せ植えを作ることもできます。

before

カットした苗でもうひとつ別の寄せ植えを作る準備をします。苗を手頃な長さに切ります。

下の葉を3枚程度残して、伸びてしまった苗をカットします。これで、また少し伸びてくると元の美しい状態に戻ります。

切り口を1〜2日間乾かします。

多肉植物寄せ植えワークショップ

④ 下葉を取って1cmほど土に植え込める箇所を作ります。また、取った下葉も葉挿しすることで、新たな苗に育てることもできます。

⑥ 用意した、もうひとつの鉢の底に、ごろ土を入れます。

⑤ 切り口を乾燥させた苗を実際に鉢の上に置いて、イメージを固めていきます。

⑦ 切り口を乾燥させた苗を、イメージ通りにしっかりと土に埋め込んで完成です。10日後くらいから水やりを始めてください。

after

もうひとつ別の寄せ植えの完成です！

多肉植物寄せ植えワークショップ

// other arrangements //

その他の寄せ植えアレンジ

左）ガラスの器を使ったアレンジ
比較的、湿度を好むハオルシア属ならこの程度の深い鉢に植えても大丈夫。ガラス越しで見る寄せ植えは、まるで動物園のようで鑑賞も楽しいですね

上）カット苗をオブジェ風に
雰囲気のある箱にカット苗を2〜3つ無造作に置くだけでも立派なインテリアに。個性的な形状で、生命力も強い、多肉植物ならではのアレンジ

多肉植物寄せ植えワークショップ

球状のフラワーベースを使った寄せ植え
白く粉吹きしたマットな多肉植物を集め、くすんだシックな色合いのフラワーベースに合わせました

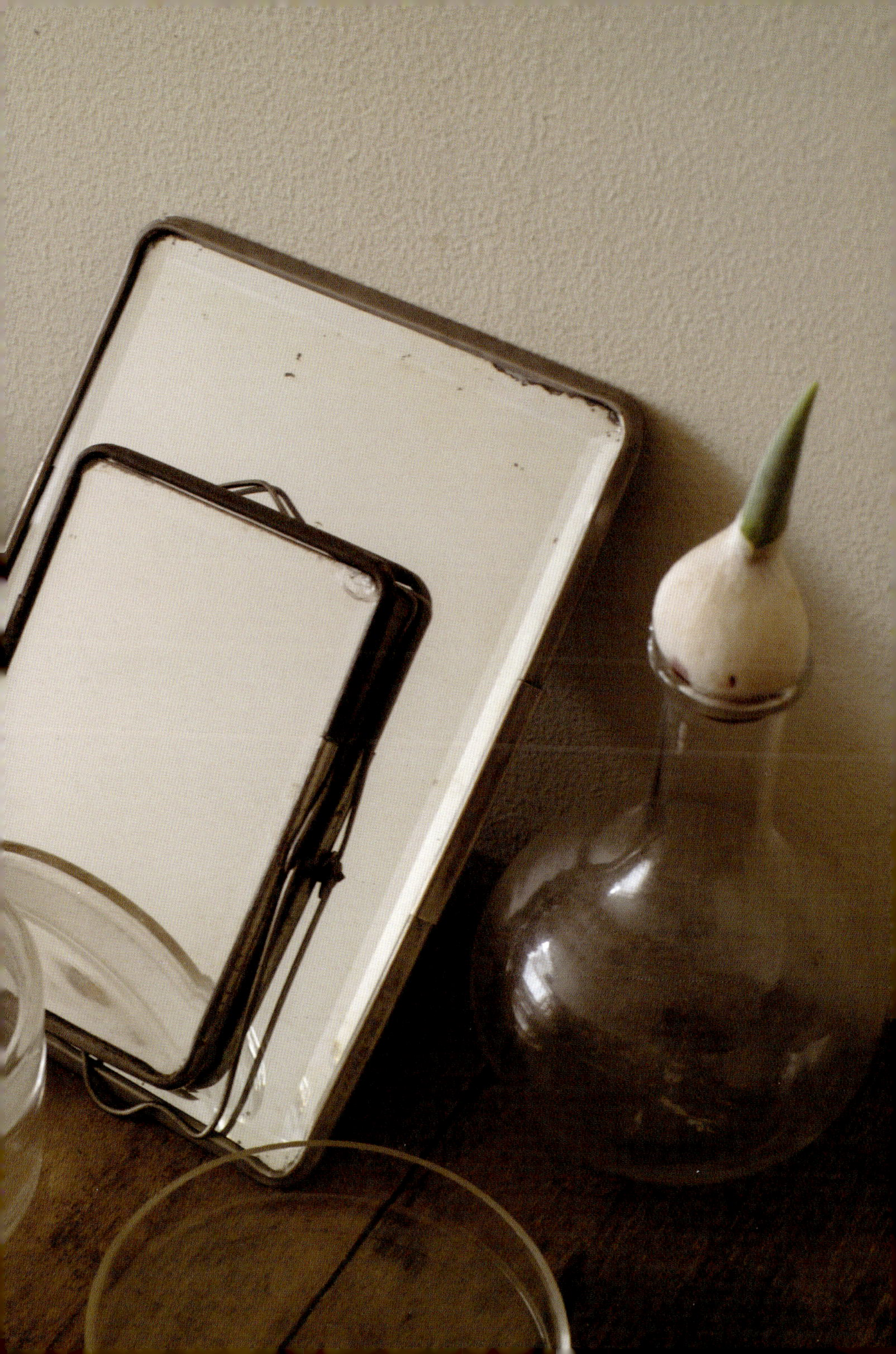

多肉植物寄せ植えワークショップ

上）写真の現像バットを使った寄せ植え
古道具屋で見つけた写真の現像液を入れるバットを使って、小さな箱庭風の寄せ植えに。葉挿し中の芽も、立派な観賞用植物になります。わざと地面を見せて庭の雰囲気を出すのがポイント

右）サボテンの寄せ植えアレンジ
白いふわふわの毛をまとったサボテンたちと色合いを揃えて、白い器に植えてみました。器の形もサボテンの丸みに合わせて丸型に

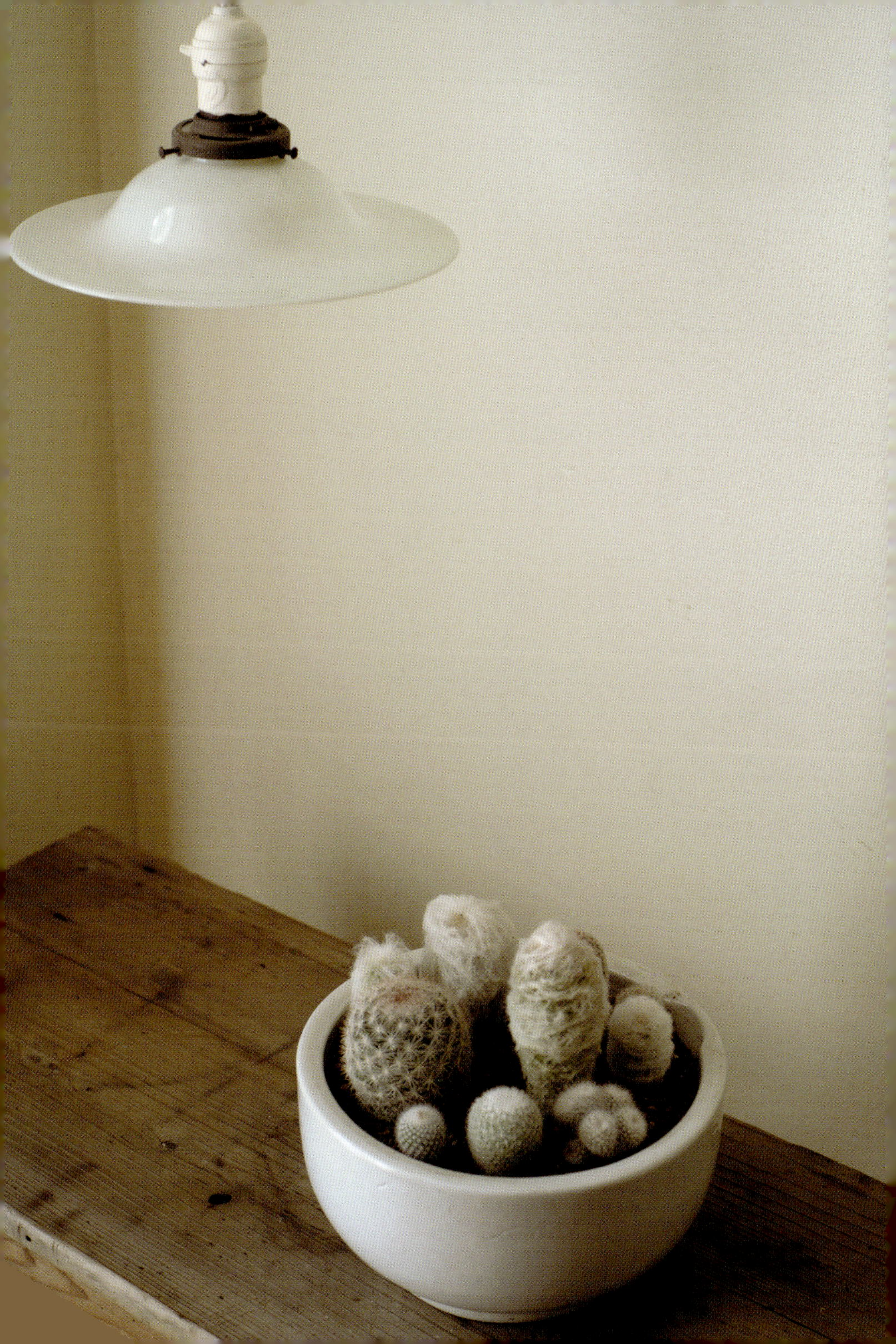

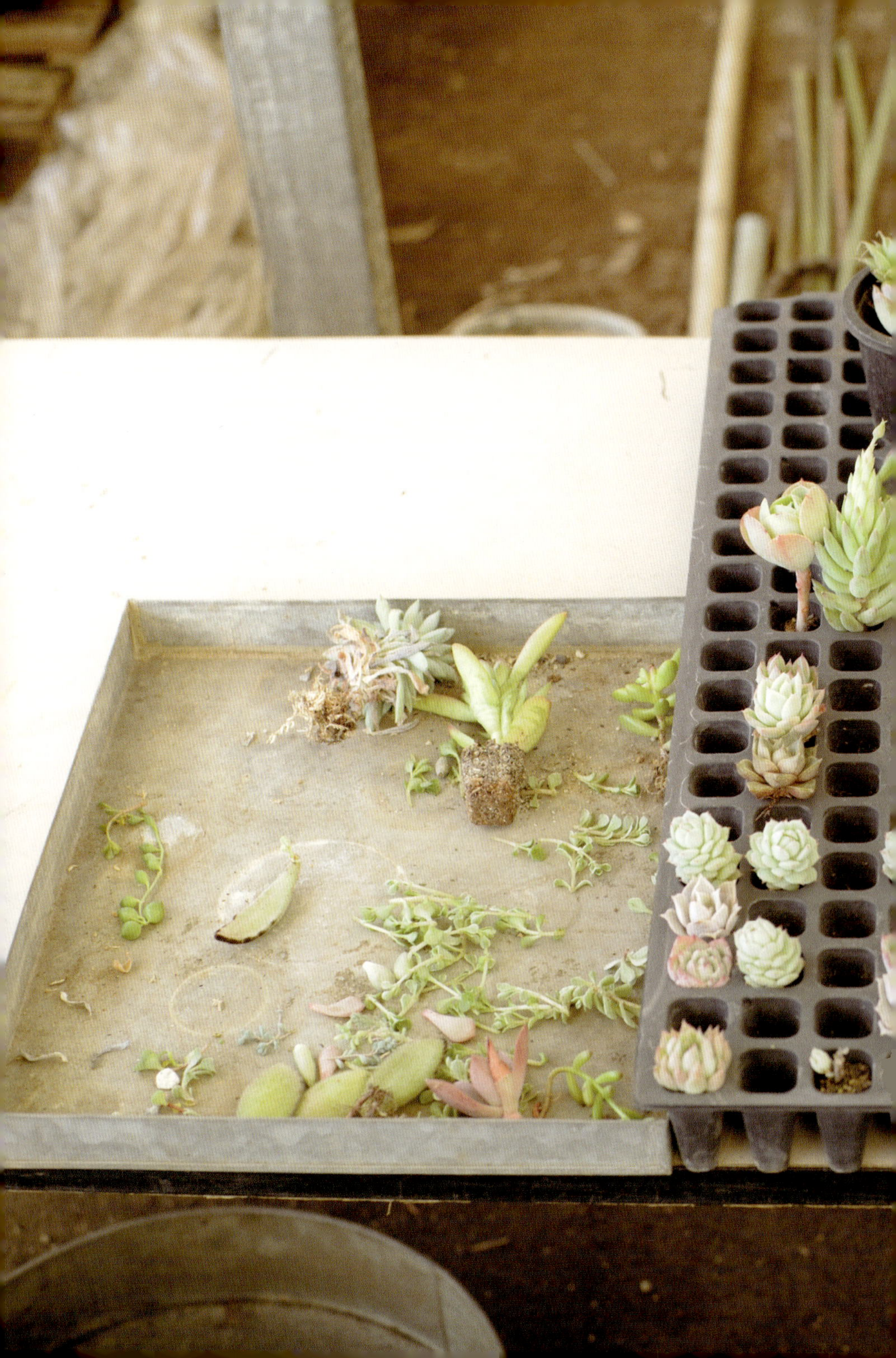

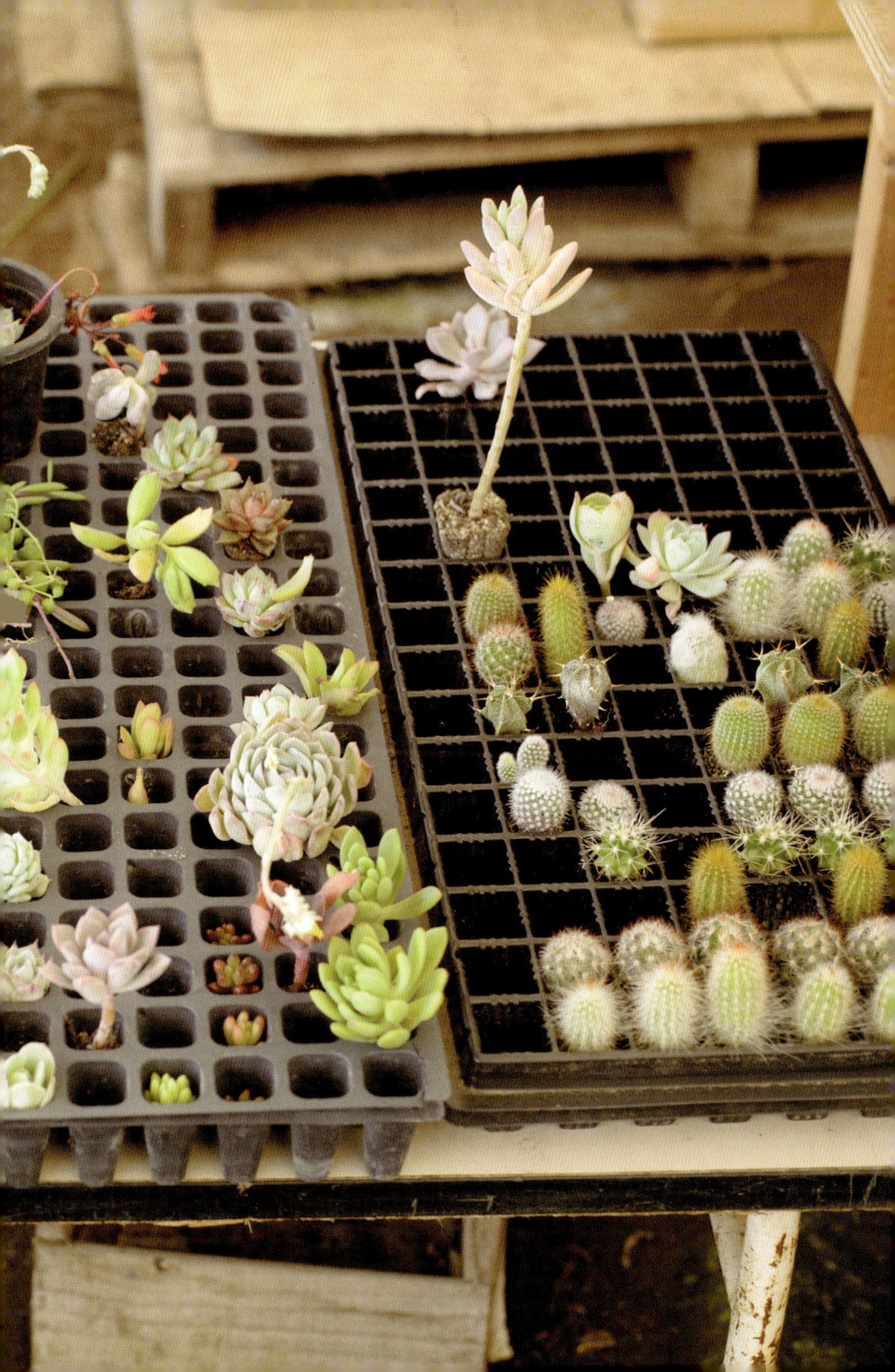

あとがきにかえて

トゲ、コブ、ヒダ……よく知る観葉植物とは似ても似つかぬ、ユニークな形で楽しませてくれる多肉植物たち。その独特なフォルムは、乾燥した砂漠や極寒の高地など、過酷な場所で生きていくための機能美。高温に耐え、少ない雨や養分を効率的に使う。あらゆる植物の中でも、特に省エネな生き方ができる、究極の進化系なのです。

その生命力は驚くばかり。葉をちぎって置いておくだけで、すぐに"分身"たちが増えていきます。

なかには、脱皮したり、頭の上に子を宿したりする種類もいたりして、植物を栽培するというよりは、ペットを飼う感覚に近い、なんて言う人も。

とても愛着がわきやすく、育て方もそれほど難しくない多肉植物は、これまであまり植物に興味がなかった人も、きっと虜になってしまうはず。

部屋のかたわらにやってきた謎だらけのパートナーが、きっと今日もあなたに新しい発見をもたらしてくれるでしょう。

そんな多肉植物との生活の一助に、本書がなれば幸いです。

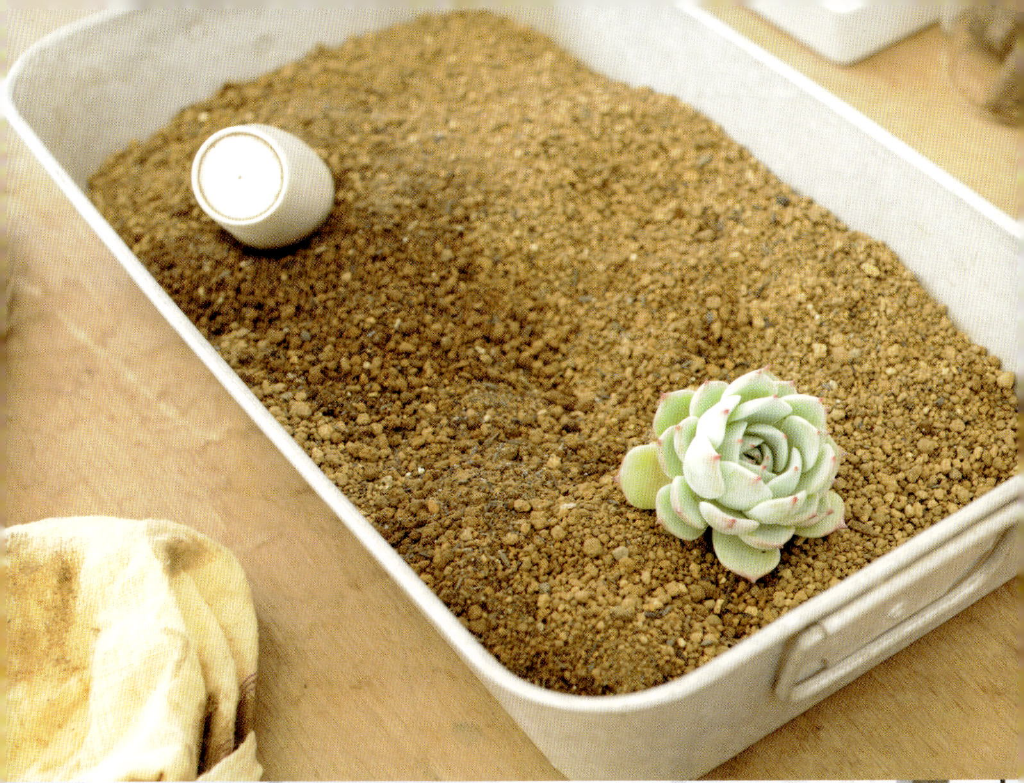

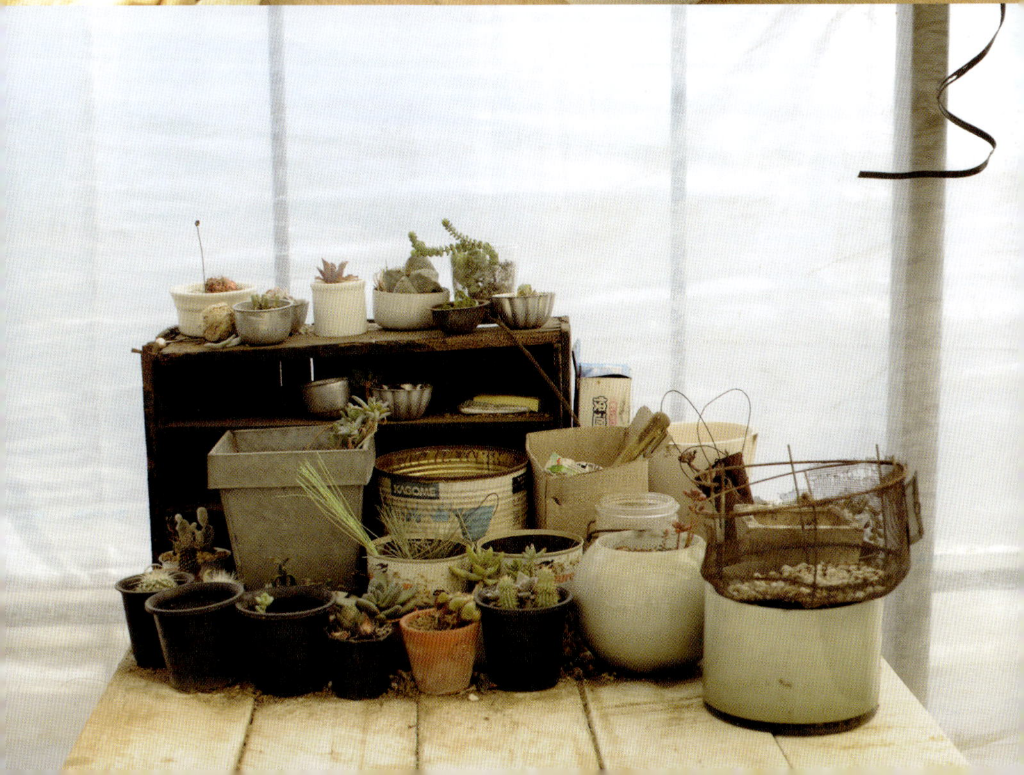
KAGOME

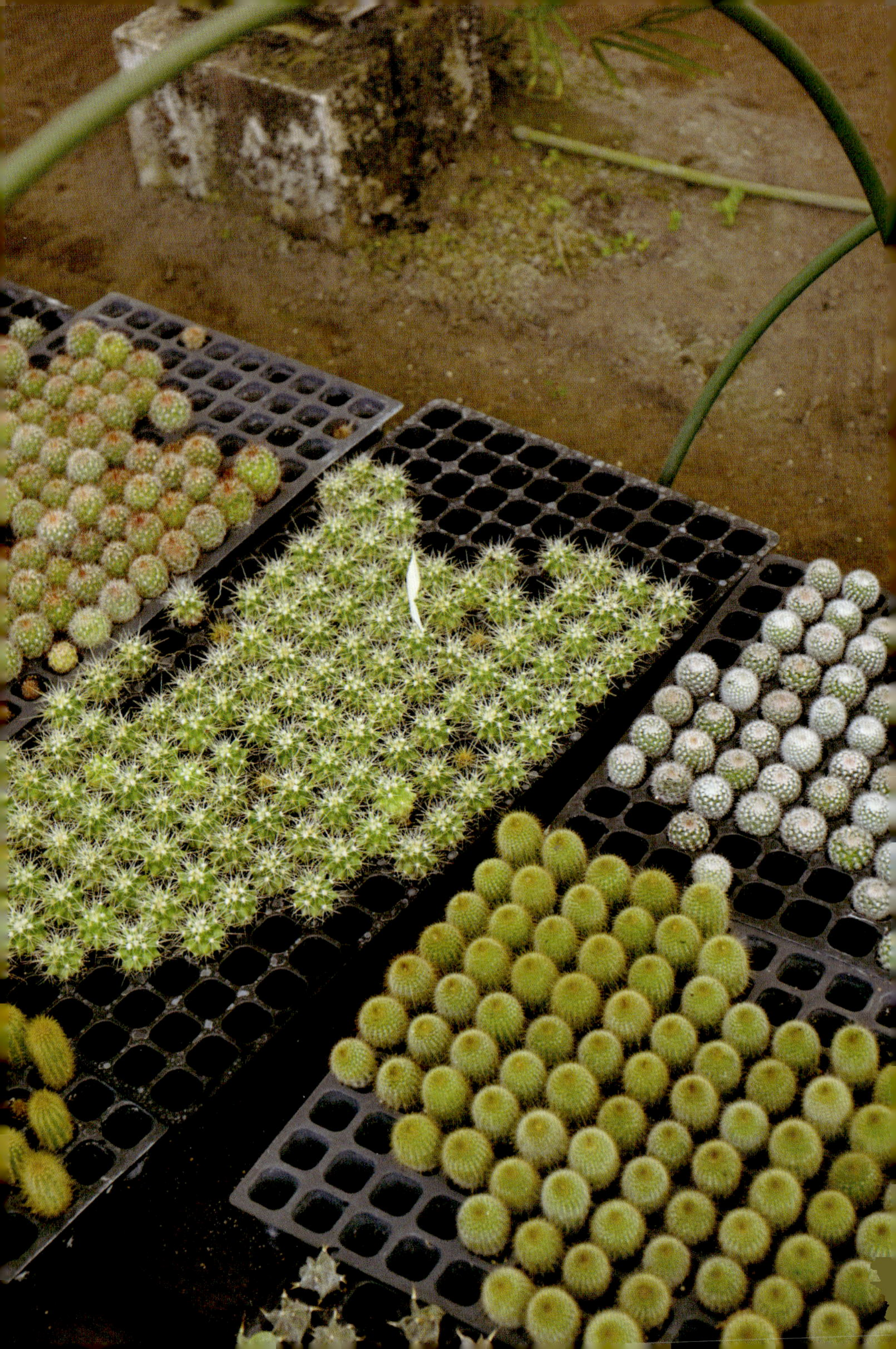

多肉植物の専門ショップ「sol×sol」

本誌監修者である松山美紗さんが丁寧に育てた植物の苗を、これまた松山さんご自身でセレクトした鉢にアレンジして販売する多肉植物専門のショッピングサイト「sol×sol」。「多肉植物をインテリアに」をコンセプトに、雑貨感覚で多肉植物を育てる楽しみを提案。栽培のための実用品だけでなく、鉢植えに様々な表情を加えるための小物たちが充実しています。松山さん直伝のWEB上寄せ植えワークショップなども展開中。
(本誌巻頭・巻頭のグラビア写真は松山さんが管理する温室の様子です)

ショッピングだけでなく、多肉植物の様々なアレンジ例や育て方のFAQなども充実しているので、本書と合わせて、ぜひ参考にしてみてください。

sol × sol　ソル・バイ・ソル
http://www.solxsol.com

松山美紗 まつやま・みさ

1978年埼玉県生まれ。フラワーアレンジの経験を経て、多肉植物の姿に魅了され多肉植物の勉強に転向。「サボテン相談室」カクタスクリエイター羽兼直行さんに師事した後、独立。現在、多肉植物を専門に扱うブランド「sol×sol」クリエイティブディレクター。
「多肉植物は沢山の光とちょっとの水、そしてちょっとの愛情と観察で簡単に育てられる魅力的な植物です。これからも沢山の方にこの魅力を知って頂けるために続けていきたいと思っています」

Book staff

アートディレクション
山野英之　TAKAIYAMA inc.

デザイン
田中恭子　TAKAIYAMA inc.

編集・執筆
川端正吾　shikumi

写真
野川かさね
（表紙、巻頭・巻末グラビア、寄せ植えワークショップ）

イラスト
溝川なつ美

編集協力
吉田益実　sol×sol

参考書籍

『多肉植物 ユニークな形と色を楽しむ』
日本放送出版協会

『育ててみたい 美しい多肉植物』
勝地末子 監修　日本文芸社

『サボテン＆多肉植物』日本放送出版協会

『サボテン・多肉植物ポケット辞典』
平尾 博・児玉永吉 編　日本放送出版協会

---

sol×solがおしえる
多肉植物育て方ノート

2010年9月30日 初版発行
2014年7月30日 11刷発行

監修
松山美紗　sol×sol

発行者
小野寺 優

発行所
株式会社 河出書房新社
　〒151-0051 東京都渋谷区千駄ヶ谷2-32-2
　　電話 03-3404-8611（編集）　03-3404-1201（営業）
　　http://www.kawade.co.jp/

印刷・製本
三松堂株式会社

Printed in Japan
ISBN978-4-309-27196-5

落丁・乱丁本はお取り替えいたします。
本書の無断転載（コピー）は著作権法上での
例外をのぞき、禁止されています。